はじめに

　この本は、世界各国の教育について研究している日本の大学の先生が作った「写真で見る世界の学校」の本です。この本には、各国を専門とする先生が現地の学校をおとずれ、授業などのようすを撮影した写真がたくさんのっています。あつかっている国の数は31か国（ヨーロッパ・北アメリカ・南アメリカ・オセアニア・アジア・アフリカ）にのぼります。

　この本を読めば、それぞれの国の「国土と気候」「日本との関係」「学校制度」「小学校の1年」「小学校の1日」がわかります。写真をながめてみて、学校の建物や教室のようす、机のならべ方、掲示物、服装、先生のようすなど、みなさんの学校と似ている部分やちがっている部分をさがしてみてください。

　それだけでなく、時間割を見て不思議に思える教科をさがしたり、学校生活を想像したりしてみるのも楽しいかもしれません。たとえば、「子どもが自分自身で学校の掃除をしているのだろうか？」「何時に登校して、何時に下校するのだろうか？」「どれくらい長い時間学校にいるのだろうか？」「お昼過ぎに子どもが下校する学校はどこの国？　それはなぜだろう？」「学校は何月に始まるのだろう？　その理由は？」のように、さまざまな疑問がわいてくるはずです。

　また、その国ならではの学校の風景をさがしてみるのもよいでしょう。たとえば、アメリカやカナダの黄色い「スクールバス」をさがしてみてください。「仏さまがいる学校」があるのはどこの国でしょうか？　ほかの国では見られないようなめずらしい風景を見つけたら、友だちやおうちの人にも教えてあげてください。

　この本で興味をもったことがあれば、自分自身でさらに深く調べてみましょう。現在では生成AIに質問すれば、瞬時に答えてもらうこともできます。ただし、AIが「正解」を教えてくれるとはかぎりません。AIの教えてくれた情報をうたがい、ほかの本で調べて正解をたしかめたり、ときには人に聞いたりしながら学ぶのもまた大切なことです。

　この本を読んだみなさんが、少しでも世界の教育や文化に興味・関心をもってくれることを願っています。写真を通じて世界の学校の「不思議」や「日本とのちがい」などを楽しんでいただければ幸いです。

2025年4月

監修者

もくじ

はじめに ………… 2
この本の使い方 ………… 5

ヨーロッパ
6-42

イギリス ………… 6
イタリア ………… 10
オーストリア ………… 14
オランダ ………… 18
スウェーデン ………… 20
スペイン ………… 24
ドイツ ………… 26
フィンランド ………… 30
フランス ………… 35
ロシア ………… 38

北アメリカ
43-49

アメリカ ………… 43
カナダ ………… 46

南アメリカ
50-55

ブラジル ………… 50
メキシコ ………… 54

オセアニア
56-67

オーストラリア ………… 56
サモア ………… 60
ニュージーランド ………… 64

アジア
68-105

アラブ首長国連邦 ………… 68
インド ………… 70
インドネシア ………… 72
シンガポール ………… 74
タイ ………… 78
韓国 ………… 82
中国 ………… 87
バングラデシュ ………… 92
ブータン ………… 96
ベトナム ………… 100
マレーシア ………… 104

アフリカ
106-117

ケニア ………… 106
マラウイ ………… 110
南アフリカ ………… 114

さくいん ………… 118

この本の使い方

国名と国旗

学校制度
小学校〜大学までの学校教育のしくみや時期、学校に入る前の幼稚園や保育所について説明しています。

どんな国
正式名称や人口、面積など、その国の基本的なデータを示しています。

国土と気候
国の位置や地形、季節や気温について説明しています。

日本との関係
国交を結んだ時期やお互いの国でよく知られているもの、主な貿易品などについて説明しています。

小学校の1年
学期の始まりと終わり、その国の有名な学校行事や祝祭について説明しています。

小学校の一日
その国の小学校（一部中学校）の時間割の例や、学校生活のようすを写真と一緒に紹介しています。

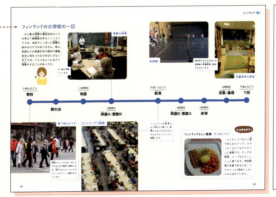

学校の特徴
その国の学校の特徴的な授業や習慣などについて紹介しています。

データについて
- 国の正式名称、面積、首都、言語、通貨、宗教は、主に外務省ホームページ（https://www.mofa.go.jp/mofaj/area/）に基づいています。
- 人口は、World Bank Open Data（https://data.worldbank.org）の2023年のデータに基づき、千の位を四捨五入した数値を記しています。
- この本に掲載している地図は縮尺が小さいため、島嶼部などの一部が省略されている場合があります。

イギリス

どんな国

正式名称：グレートブリテン及び北アイルランド連合王国
人口：6,835万人
面積：24.3万km²
首都：ロンドン
主な言語：英語
通貨：スターリング・ポンド
主な宗教：キリスト教

小学校の校舎（サリー・カウンティ）

国土と気候

ヨーロッパ大陸の北西にあるグレートブリテン島とアイルランド島北部などからなります。グレートブリテン島の中央部にはペニン山脈が走っていますが標高は低く、全体的に平らな地形です。北西のはしには『ピーターラビット』の舞台となった湖水地方があります。

全土が温帯で、ロンドンの1月の平均気温は5～6度、7月は約19度となっています。

日本との関係

1858年に国交を結び、1902年には日英同盟を結びました。第二次世界大戦では敵対しましたが、1952年には国交が復活しました。

文化面でも、シェイクスピアの演劇やビートルズのロック音楽、小説『ハリー・ポッター』シリーズなど、日本でも広く愛されているものが多くあります。

首都ロンドンの町並み

イギリス

学校制度

5歳～16歳までの11年間が義務教育期間です。0～5歳児のための就学前教育もあり、ほとんどの家庭の子どもが通っています。5歳で初等学校に入学し、11歳で中等学校に入学します。16～18歳では、大学教育への準備教育（シックス・フォーム）か、職業訓練を受けることになっています。

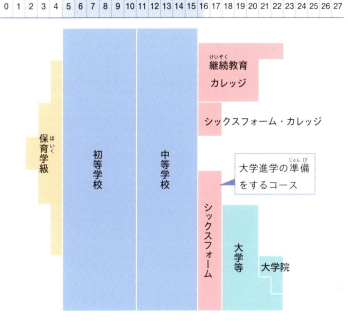

義務教育期間

出典：文部科学省『諸外国の教育統計』(2024年)をもとに作成

小学校の1年

9月に始まる3学期制です。秋学期は9～12月、春学期は1～3月、夏学期は4～7月で、夏休みをすごしてまた次の1年が始まります。

祝祭

アップヘリー・アー（1月）

1月下旬にイギリス最北のシェットランド諸島で行われる火祭りです。バイキングのすがたをした男性約1000人がたいまつを持って行進し、船に向かっていっせいに火を放ちます。火を囲んでみんなでもり上がることで、この地域にくらしていたバイキングの歴史や文化を思い起こします。

7

イギリスの小学校の一日

イギリスの学校では授業と授業の間の短い休み時間がなく、午前中に15分ほどの休み時間があります。トイレはそれぞれのタイミングで、必要なら授業中にも自分の判断で行くことがあります。

電子黒板を使った授業

午前8:30ごろ
登校

午前8:45〜9:30
朝の学習

1時間目
算数

2時間目
英語

小学校の校舎

イギリス 🇬🇧

トピック学習（バイキングについて）

教室のようす

学期ごとに一つのテーマを決めて、生徒自身が調べてまとめます。

午前10:30-10:45
休み時間

3-4時間目
トピック学習

5-6時間目
コンピューティング

午後3:00ごろ
下校

給食のようす

イタリア

どんな国

正式名称：イタリア共和国
人口：5,899万人
面積：30.2万km²
首都：ローマ
主な言語：イタリア語
通貨：ユーロ
主な宗教：キリスト教

公共図書館および一般向け劇場と一体化した小中学校の校舎（ボローニャ）

国土と気候

ヨーロッパ南部に位置し、フランス、スイス、オーストリア、スロベニアととなりあっています。長ぐつの形をしたイタリア半島と、地中海のシチリア島、サルデーニャ島、エルバ島など約70におよぶ大小の島々からなります。

首都ローマの1月の平均気温は7〜8度、7月は約26度です。夏は暑いですが乾燥しているため、日本よりすごしやすいといわれています。

日本との関係

1866年に国交を結びました。第二次世界大戦ではドイツをふくめて軍事同盟を結ぶ関係にありましたが、敗戦により一時関係が中断し、1952年に国交が復活しました。

文化的にも、パスタやピザなどの料理や、音楽の「ドレミファソラシド」という音の名前など、日本で身近に親しまれているものをあげればきりがないほどです。

首都ローマの町並み

イタリア

学校制度

5～16歳の10年間が義務教育期間です。6歳で初等学校に入学し、11歳で前期中等学校に進学します。修了後、高等学校、専門職系高等学校、技術系高等学校を修了すると、大学などに進学することができます。一方、教育・専門職養成課程は専門職養成施設で実地経験を積むコースです。

義務教育期間

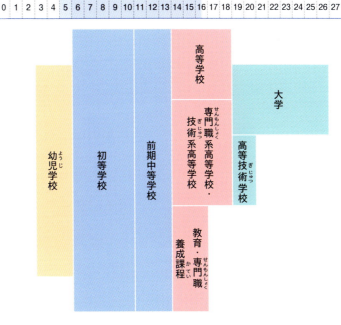

出典：教科書研究センター『海外教科書制度調査研究報告書』をもとに作成

小学校の1年

9月に始まる2学期制です。1学期は9月に始まって1月に終わります。2学期は2月に始まって7月に終わり、夏休みをすごしてまた次の1年が始まります。

祝祭

ヴェネツィアのカーニバル（2～3月）

2～3月ごろにかけてイタリア北部の町ヴェネツィアで行われます。人々がはなやかな衣装と仮面をつけて町をねり歩きます。仮面をつける理由は、カーニバルが始まった12世紀ごろは身分制度がきびしかったため、このときだけは顔をかくして身分に関係なく楽しもうとしたためだといわれています。

イタリアの小学校の一日

イタリアの学校では、授業の内容や活動を先生が比較的自由に決めることができます。このページで紹介するように、初等学校ではとくに子どもたちがのびのびと作業したり活動したりする姿が見られます。

イタリア語の授業では詩を作ることもあります。写真の掲示物は、詩をもとに俳句を作るという活動をまとめたものです。

俳句に挑戦

午前8:00ごろ	1時間目	2時間目	3時間目	午前11:00-11:15
登校	地理・歴史	地理・歴史・市民性	イタリア語	休み時間

地形の勉強

ねんどを使い、地理・歴史で勉強した地形の模型を作っています。

12

イタリア 🇮🇹

イタリアのインクルーシブ教育

イタリアでは、障害のある子どももほかの子どももいっしょに勉強をするインクルーシブ教育をほかの国よりも早く始めました。学校が中心となり、みんなでいっしょになってさまざまな活動に取り組むことができます。

学校のある地域の教会でみんなで料理を作っているようす

みんなで壁をぬった特別教室

- 4時間目 **イタリア語**
- 午後12:00-12:40 **昼食**
- 午後12:40-1:30 **昼休み**
- 5時間目 **体育**
- 6時間目 **算数**
- 午後4:30ごろ **下校**

校庭

お昼には校舎の外に出て運動をする子どもも多くいます。

算数の授業

モンテッソーリというイタリアの有名な教育者が開発した教具を使い、かけ算を説明しています。

オーストリア

どんな国

正式名称：オーストリア共和国
人口：913万人
面積：約8.4万km²
首都：ウィーン
主な言語：ドイツ語
通貨：ユーロ
主な宗教：キリスト教

授業のようす

国土と気候

　ヨーロッパ大陸のほぼ真ん中に位置し、8か国ととなりあっています。面積は日本の北海道と同じくらいです。北部にはドナウ川が流れ、国の真ん中を横切るようにアルプス山脈がそびえています。
　ウィーンの平均気温は夏は約20度、冬は−1度前後です。西部の山岳地方は冬の寒さがきびしく、雪も多くふります。

日本との関係

　1869年から国交があります。1914年には第一次世界大戦のため国交が中断されましたが、第二次世界大戦をへて1953年に関係が再開しました。
　貿易がさかんで、日本はオーストリアにとってアジア第2位の貿易相手国となっています。
　ウィーンは音楽の都ともよばれ、多くの日本人留学生がウィーンで音楽を学んでいます。

ウィーン国立歌劇場

オーストリア

学校制度

6〜15歳の9年間が義務教育期間です。6歳で小学校に入学し、10歳で普通上級学校か中等教育学校のどちらかに進学します。大学進学を考えている子どもは普通上級学校へ、職業教育訓練が受けられる学校への進学を考えている子どもは中等教育学校へ進むことが多いです。大学に進む場合は普通上級学校を合計8年間通って卒業する必要があります。

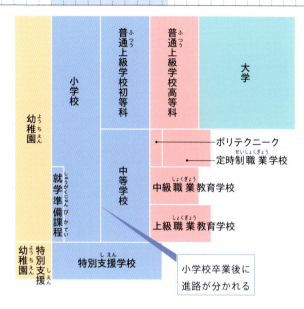

出典：教科書研究センター『海外教科書制度調査研究報告書』をもとに作成

小学校の1年

9月に始まる2学期制です。1学期は9〜1月、2学期は2〜6月で、夏休みをすごしてまた次の1年が始まります。

※州や都市によって年間スケジュールにちがいがあります。

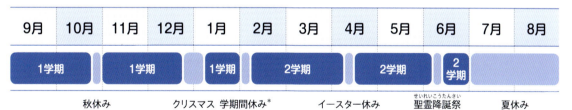

＊2月中旬〜下旬が休みとなる州もある

祝祭

シェーメンラウフ（1〜2月）

1月下旬〜2月上旬にオーストリア西部のイムスト市で4年に一度もよおされるカーニバルです。さまざまな仮面をつけた人々がおどりながら行進します。きびしい冬にたまった厄をふりはらい、無事に春をむかえることができるようにという願いがこめられています。

オーストリアの小学校の一日

オーストリアでは、時間の区切り方などを先生が判断して決めることができます。たとえば、たっぷり時間を使って集中したほうがよい教科では、休み時間をはさまずに2コマ連続で授業をするという場合もあります。

みんなで立って英語の歌を歌っています。

英語の授業

午前7:30ごろ
登校

午前8:50～9:05
休み時間

1時間目
英語

弁当箱を出して軽食を食べる子どももいます。

2時間目
事象教授

休み時間

今日の時間割

朝は、担任の先生がその日の時間割を黒板にはって、1日の流れを説明します。

オーストリア

事象教授の授業

日本の理科、社会、生活科にあたる内容を学ぶ科目です。ビデオを見て紅葉のしくみを学習しています。

ドイツ語の授業

午前11:00〜11:20
休み時間

午後1:00ごろ
下校

午前9:45ごろ
誕生祝い

3時間目
合唱

4-5時間目
ドイツ語

誕生日の子どもがいる日は、みんなでいっしょにお祝いすることもあります。

誕生祝い

教室の一角にあるスペース

ソファと本が置いてあり、読書などをすることができます。

オランダ

どんな国

- 正式名称：オランダ王国
- 人口：1,788万人
- 面積：4万1,864km²
- 首都：アムステルダム
- 主な言語：オランダ語
- 通貨：ユーロ
- 主な宗教：キリスト教

小学校の校舎（アムステルダム）

国土と気候

ヨーロッパ北西部に位置し、ベルギー、ドイツととなりあっています。国土の約4分の1は干拓地（浅瀬から水を取りのぞいて作った土地）で、全体的に低くて平らな土地が広がっています。

海の影響を受けやすい西岸海洋性気候で、夏の平均気温が16〜18度、冬は3度前後とすごしやすいです。

日本との関係

江戸時代にはヨーロッパの中でオランダとの交易だけがゆるされていました。明治時代以降も交流が続き、第二次世界大戦のときに一度関係がとだえましたが、1952年に国交が復活しました。

日本では、ゴッホやレンブラントなどの絵画作品の人気が高いほか、うさぎのキャラクター「ミッフィー」が生まれた国としてもよく知られています。

アムステルダム国立博物館

オランダ

学校制度

5〜18歳の13年間（最長）が義務教育期間ですが、ほとんどの子どもが4歳で初等学校に入学します。12歳で中等学校に進学するとき大学準備教育コース、上級中等普通教育コース、中等職業準備教育コースのどれかを選びます。オランダは憲法で「教育の自由」が保障されており、教育内容について学校が決められる範囲が大きいという特徴があります。

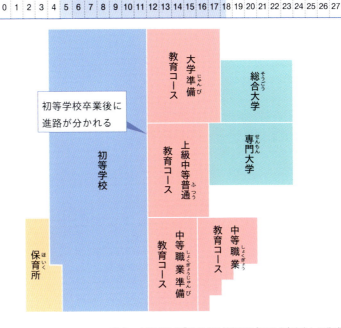

出典：文部科学省『世界の学校体系』（2017年）をもとに作成

小学校の1年

学校の1年間は9月に始まります。季節ごとに長期休みがありますが、オランダの学校には学期の区切りがありません。

祝祭

ボレンストレーク花パレード（4月）

ボレンストレークとは「球根地帯」という意味です。ヒヤシンスやチューリップなどの球根花でかざった山車が42kmもの長い道のりを行進します。第二次世界大戦が終わった1947年に平和を願って始められました。

スウェーデン

どんな国

正式名称：スウェーデン王国
人口：1,054万人
面積：約45万km²
首都：ストックホルム
主な言語：スウェーデン語
通貨：スウェーデン・クローナ
主な宗教：スウェーデン国教会（福音ルーテル派）

基礎学校の校庭にできた雪山

国土と気候

　ヨーロッパの北に位置し、ノルウェー、フィンランドととなりあっています。南北に長い国土をもち、北部は北極圏で、南部はかつて氷河にけずられてできた平野が広がっています。冬には全国でオーロラが見られます。
　ストックホルムの1月の平均気温は約−1度、7月は約19度で、冬の寒さがきびしい一方で夏は温度が低くすごしやすいという特徴があります。夏には白夜が見られ、日照時間が長くなります。

日本との関係

　1868年に国交を結びました。日本の皇室とスウェーデンの王室との交流をはじめ、政治・文化面での交流もさかんです。首都のストックホルムはアニメ映画「魔女の宅急便」の舞台のモデルとなった町ともいわれています。

首都ストックホルムの町並み

スウェーデン 🇸🇪

学校制度

基礎学校での10年間が義務教育期間です。6歳は就学前学級（ゼロ年生）で7歳から1年生となり、9年生で卒業します。基礎学校のかわりに、適応基礎学校や、先住民族のサーメのための学校に通う子どももいます。私立学校でも授業料がかからないほか、家から遠い学校へ通う場合の交通手段も自治体が無料で用意してくれます。

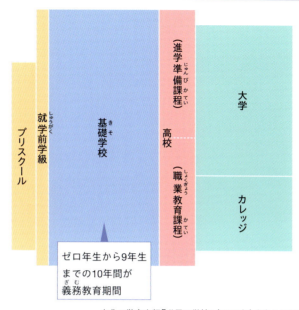

出典：学事出版『世界の学校』（2023年）をもとに作成

小学校の1年

8月に始まる2学期制です。秋学期は8月に始まって12月に終わります。春学期は1月に始まって6月に終わり、長い夏休みをすごしてまた次の1年が始まります。

祝祭

ミッドサマー（6月）

6月下旬の夏至に近い土曜日にスウェーデンの各地で行われます。広場に集まり、シラカバの木で作ったポールのまわりでフォークダンスをおどって楽しみます。スウェーデンではもともと農閑期の夏至に祭りをする習慣があり、そこにキリスト教の聖人ヨハネの誕生日が結びついたといわれています。

スウェーデンの小学校の一日

冬が長く寒いスウェーデンでは、防寒着や手ぶくろ、ぼうしなど、衣類がどうしてもかさばります。一方で、教科書やノートは教室に置いておき、文ぼう具などは学校のものを借りるため、家に持ち帰る必要はありません。

授業のようす

午前8:00ごろ
登校

1時間目
算数

2時間目
保健体育

3時間目
スウェーデン語

スクールバスで登校

冬は日照時間が短く、暗いうちにスクールバスに乗りこむこともめずらしくありません。

スウェーデン 🇸🇪

カフェテリア

文ぼう具

学習で使う道具は、学校にあるものを借りて使います。

午前11:20-午後12:10	4時間目 社会	午後1:05〜1:20	5時間目 英語	午後2:00ごろ
給食		昼休み		下校

昼休みのすごし方

休み時間には、子どもは校庭や近くの森に出て遊びます。一方、先生たちは「フィーカ」（コーヒーを飲むという意味）といって、飲み物とお菓子(かし)を手にとりながら会話をします。

先生用のフィーカルーム

森で遊ぶ子どもたち

スペイン

どんな国

正式名称	スペイン王国
人口	約4,835万人
面積	50.6万km²
首都	マドリード
主な言語	スペイン語
通貨	ユーロ
主な宗教	キリスト教

首都マドリードの町並み

国土と気候

ヨーロッパ大陸の南西部、イベリア半島に位置し、フランス、ポルトガルととなりあっています。高い山脈にかこまれ、大部分が高原地帯になっています。

全土が温帯ですが、首都マドリードは、夏と冬の気温の差が大きく、1月の平均気温は6～7度、7月は約26度となっています。雲が少なく、乾燥しやすいのも特徴です。

日本との関係

戦国時代に南蛮貿易がさかんに行われるなど、古い交流の歴史があります。江戸時代には幕府の鎖国政策によって関係がとだえましたが、1868年に国交を結びます。第二次世界大戦が始まると一度国交がたえ、1952年に再開して現在にいたります。

豚肉の生産国として有名で、日本のスーパーマーケットでも、スペイン産の豚肉が多くならんでいます。

スペインのイベリコブタの放牧地

スペイン

学校制度

6～16歳の10年間が義務教育期間です。6歳で初等学校（小学校）に入学し、12歳で中等学校（中学校）に進学します。その後、16歳で後期中等教育課程（高等学校）か中級職業教育課程（職業訓練校）のどちらかを選びます。

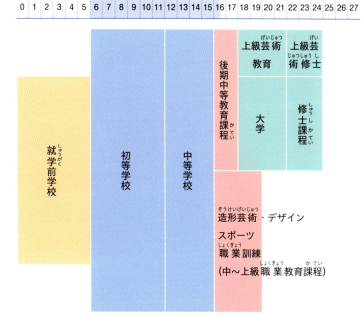

義務教育期間

出典：教科書研究センター『海外教科書制度調査研究報告書』をもとに作成

小学校の1年

9月に始まる3学期制です。1学期は9～12月、2学期は1～4月中旬、3学期は4月下旬～6月で、夏休みをすごしてまた次の1年が始まります。自治州ごとに祭りや記念日があるため、細かい日程は州によりちがいます。

9月	10月	11月	12月	1月	2月	3月	4月	5月	6月	7月	8月
1学期				2学期				3学期			
			冬休み				春休み			夏休み	

祝祭

サン・フェルミン祭（7月）

キリスト教を広めた聖人フェルミンをたたえる祭りで、スペイン北部の都市パンプローナで7月6日から行われます。とくに、町にとき放たれた牛を人々が追い立てて闘牛場まで走る「牛追い」は有名で、毎年100万人近くの観光客が牛追いを見に町に集まります。

ドイツ

どんな国

正式名称	ドイツ連邦共和国
人口	約8,328万人
面積	35.7万km²
首都	ベルリン
主な言語	ドイツ語
通貨	ユーロ
主な宗教	キリスト教

通学かばん

国土と気候

ヨーロッパ中央部に位置し、9か国ととなりあっています。北は北海とバルト海に面し、南はアルプス山脈がそびえています。

夏の気温は20度前後で、乾燥しています。冬は0度前後となり、寒い時期が長く続きます。

日本との関係

第二次世界大戦では、イタリアをふくめて軍事同盟を結ぶ関係にありました。敗戦後に西ドイツ、東ドイツそれぞれと外交関係を結んだ時代をへて、1990年に東西ドイツが統一されたあとも日本とドイツは関係を保っています。

日本にとってヨーロッパ最大の貿易相手国であり、日本はドイツにとって中国に次ぐアジア第2位の貿易相手国です。経済面では、両国ともに製造業がさかんなので、さまざまな分野で協力しています。

東西のドイツをへだてていたベルリンの壁（東側）

ドイツ 🇩🇪

義務教育期間

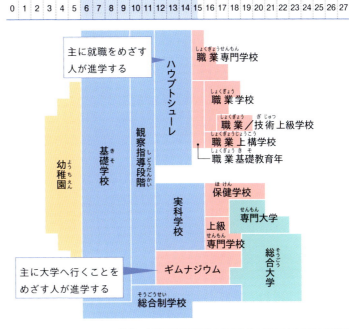

出典：文部科学省『世界の学校体系』(2017年)をもとに作成

学校制度

6～15歳の9年間が義務教育期間です。6歳で基礎学校（日本では小学校）に入学し、10歳で中等学校（日本では中学校）に進学しますが、10～12歳ではハウプトシューレ（就職コース）、実科学校（専門職コース）、またはギムナジウム（大学進学コース）のどれを選択するかを検討するオリエンテーション段階になっています（観察指導段階）。その後12歳でいずれか一つのコースを選択します。

小学校の1年

8月に始まる2学期制です。前期は8～12月、後期は1～6月で、夏休みをすごしてまた次の1年が始まります。夏休みなど長期休みの始まりと終わりの日は各州でちがいます。

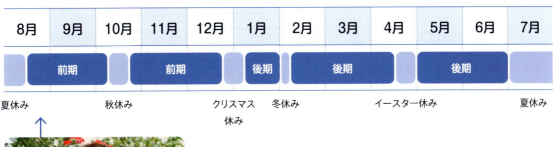

学校行事

入学式（8～9月）

ドイツでは、入学式の日に1年生の全員がシュールテューテ（コーン型のつつ）を持って登校する習慣があります。その日までにどの家庭でも、親や祖父母がシュールテューテにお菓子や文ぼう具をつめこんで入学式を楽しみに待っています。「学校はつらい所なので、せめてアメでも持たせて送り出してやろう」という親心から始まった習慣だといわれています。

ドイツの小学校の一日

ドイツでは、朝、学校についてもすぐに教室に入りません。教室にはカギがかかっていて、1時間目の授業をする先生がやって来てカギを開けてからやっと教室に入ります。そして朝の会などはなく、すぐに1時間目の授業が始まります。

調べ学習のようす

午前7:30ごろ	1時間目	2時間目
登校	英語	休み時間

2時間目
ドイツ語

登校風景

横長でカラフルな通学かばんがよく使われています。

休み時間の校庭

ドイツ

授業のようす

3時間目
算数

4時間目
音楽

午前11:20-11:30
休み時間

5時間目
体育

午後1:00
下校

体育館

フィンランド

どんな国

正式名称：フィンランド共和国
人口：558万人
面積：33.8万km²
首都：ヘルシンキ
主な言語：フィンランド語、スウェーデン語
通貨：ユーロ
主な宗教：キリスト教

基礎学校の校舎（エスポー市）

国土と気候

ヨーロッパ北東部に位置し、スウェーデン、ノルウェー、ロシアととなりあっています。陸地の約7割が森林で、湖の面積が国土の約1割をしめており「森と湖の国」ともよばれています。一年を通じて日本よりも寒く、南部にある首都ヘルシンキでも20度をこえるのは7月、8月だけです。北極圏にある最北部では、9～3月ごろには空が白や赤、緑の光を放つオーロラが見られます。

日本との関係

日本とは1919年に外交関係を結びましたが、第二次世界大戦中に一時関わりがとだえました。その後、1957年に関係が再開し、現在までよい関係がたもたれています。日本では、フィンランドはサンタクロースや「ムーミン」のふるさととして有名です。教育や福祉をリードする国としても知られており、フィンランドのよいところを取り入れようと勉強する人は日本にも多いです。

首都ヘルシンキの港（おくに見えるのはヘルシンキ大聖堂）

フィンランド

学校制度

フィンランドでは、7歳になる年に基礎学校とよばれる学校に入学します。9年制で、日本の小学校と中学校にあたります。6年制と3年制に分かれて設置されている学校も多いです。日本と大きくちがうところは、高校にあたる期間が義務教育とされているところです。義務教育期間中は、学費や教科書代、給食費などが無料です。

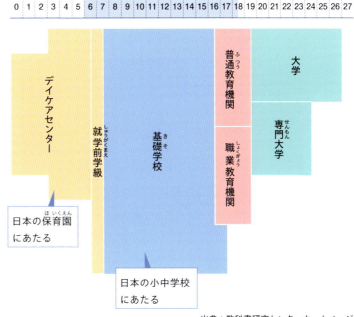

義務教育期間

出典：教科書研究センターホームページ
（https://textbook-rc.or.jp/kaigai/ 2025年1月14日閲覧）をもとに作成

小学校の1年

フィンランドの学校の1年は8月に始まる2学期制です。1学期は8月に始まって12月に終わります。2学期は1月に始まって6月初めまでに終わり、夏休みをすごしてまた次の1年が始まります。

8月	9月	10月	11月	12月	1月	2月	3月	4月	5月	6月	7月
	1学期		1学期		2学期		2学期				

夏休み　　秋休み　　　　　クリスマス　スキー休暇　　　　　　夏休み
　　　　　　　　　　　　　休み

学校行事（高校）

ペンッカリ

大学入学資格試験の準備の休みに入る前の最後の登校日、高校3年生がトラックの荷台に乗り、町の大通りでキャンディを配ります（校内で配る町もあります）。高校3年生から2年生へ、最上級生のバトンをわたすという意味合いがあります。

フィンランドの小学校の一日

　少人数の授業や選択科目のことを考えて時間割を作るフィンランドでは、全校でいっせいに授業を始めるわけではありません。特に、英語などの言葉を学ぶ教科や算数、安全に気をつけなければいけない手工では、クラスを2つに分けて授業をすることが多いです。

算数の授業

少人数で学習しています。

午前8:00ごろ
登校

朝の会

1-2時間目
母語

3時間目
英語A/算数B

登下校のようす

首都ヘルシンキでは、ほとんどの子どもが徒歩で登校します。地方ではスクールバスやスクールタクシーも運行されています。

カフェテリアで給食

フィンランド 🇫🇮

体育館

低学年の子どもの中には、放課後に学童保育に参加する子もいます。

学童保育の教室

午前11:00ごろ		4時間目	5時間目	6時間目	午後2:00ごろ
給食		英語B/算数A	体育	宗教/倫理	下校

フィンランドの給食は少し早めで11時ごろ。時間になると子どもたちはみんなでカフェテリアへ移動します。

フィンランドらしい昼食：ナッキレイパ

ココがちがう！

ナッキレイパはライ麦で作られたパンで、クラッカーのようなサクサクした食感です。チーズや野菜、スープなどといっしょに食べます。学校給食の定番であるため、コウルナッキ（学校ナッキ）ともよばれています。

フィンランドらしい教科：手工

思い思いの作品を作ります

手工は、日本の図工のような教科で、木工やさいほう、織物などのものづくりをします。木材、金属、プラスチック、毛糸、糸、布などさまざまな素材を用いて、一人ひとり、あるいは、グループで、思い思いの作品を作ります。そのため、フィンランドの手工科の教室にはたくさんの本格的な工具がそなえられています。

たくさんの工具がそなえられている手工科の教室

金属を加工する道具を使い、だんろやサウナに使う灰かき棒を作るようす

学校の中の工夫

いっしょに勉強するために

誰もが自分に合ったスタイルで勉強するための工夫がされている学校もあります。

たとえば「耳が敏感で教室内のうるさい音が苦手」という子どもは、学校が用意しているイヤーマフ（ヘッドホンのように頭にかけて音をふせぐ道具）をつけて集中して勉強することができます。また、「イスにすわってじっとしているのが苦手」という子どもは、いすのかわりにバランスボールにすわり、体を動かしながら授業を受けることができます。

イヤーマフをつけて勉強に集中する子ども

いすがわりのバランスボール

フランス

どんな国

正式名称：フランス共和国
人口：6,829万人
面積：54万9,134km²
首都：パリ
主な言語：フランス語
通貨：ユーロ
主な宗教：キリスト教

職業高校の校舎（モンペリエ）

国土と気候

ヨーロッパ大陸の西に位置し、7か国ととなりあっています。ヨーロッパで最も面積の大きい国です。東部と南部にはアルプス山脈をはじめとする山地があり、北部と西部にはフランス平原が広がります。

国土の大半が温帯気候です。パリの四季の変化は日本とにていますが、日本よりも気温が低めです。夏は暑いですが、湿度が低いため比較的すごしやすいのが特徴です。

日本との関係

1858年に国交が始まり、当時から多くの日本人がフランスの学問や美術を学んだ一方で、フランスでは19世紀に浮世絵や日本芸術の影響を受けたジャポニスムとよばれる流行が起こるなど、古くから結びつきがあります。

現在でも、ファッションや料理、ワインなど、さまざまなものが日本で親しまれています。

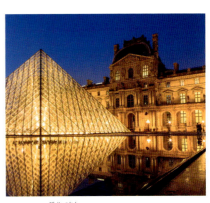
ルーヴル美術館（パリ）

学校制度

3〜16歳の13年間が義務教育期間です。3歳で幼稚園または幼児学級に入学し、6歳で小学校、11歳でコレージュ（中学校）に進学します。日本とのちがいは高校受験がないことで、学級評議会が生徒の希望や成績などを元に中学卒業後のコースを決めます。おおむね6割が高校、3割が職業学校に進みます。さらに、8割がバカロレアとよばれる高校3年生の6月に行われる全国卒業試験を受けます。

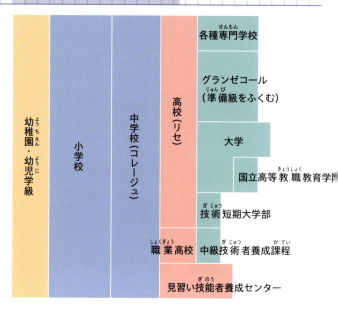

義務教育期間

出典：文部科学省『諸外国の教育統計』（2024年）をもとに作成

小学校の1年

9月に始まる3学期制です。1学期は9〜12月、2学期は1〜4月、3学期は5〜6月で、夏休みをすごしてまた次の1年が始まります。

祝祭

レモン祭り（2〜3月）

2〜3月にフランス南東部の町マントンで行われます。レモンやオレンジでかざりつけた山車や大きなオブジェが人々の目をひきつけます。ホテル経営者が町を活気づけるために、1896年にパレードを行ったのが始まりといわれています。

フランス

フランスの子どもたちの課外活動

地域でスポーツや文化に取り組む

フランスでは、日本でいうクラブ活動のようなものは、学校の外で行われています。子どもは水曜日以外の放課後には、自治体やアソシアシオン(NPO)による学校周辺活動や課外活動に参加して、スポーツや文化に親しみます。活動を管理したり、子どもを教えたりするのは、先生ではなくアニマトゥールとよばれる専門スタッフです。

スポーツはサッカーや柔道、フェンシングなどがさかんです。ほかにも、ダンスやバレエ、乗馬、演劇などが人気です。

日本とは「先生」の役割がちがう?

先生が担当するのは「授業のみ」?

フランスでは先生の役割が日本とはちがい、「子どもに勉強を教える専門家」というのが基本です。先生は原則として授業時間以外は学校で働く必要はなく、自宅やカフェなどで授業の準備をします。

「じゃあ、勉強以外のことはだれが面倒を見てくれるの?」と思ったかもしれません。たとえば中等教育では、出席の管理や安全の管理、いじめや校内暴力の対策をする生徒指導専門員や、生徒の相談に応じる国民教育心理相談員など役割ごとの専門スタッフがいて、先生をサポートしています。

ロシア

どんな国

正式名称：ロシア連邦
人口：1億4,383万人
面積：約1,709万km²
首都：モスクワ
主な言語：ロシア語
通貨：ルーブル
主な宗教：ロシア正教、イスラム教、仏教、ユダヤ教等

9月1日（知識の日）、先生におくる花束をもって入学式に参加する新1年生

国土と気候

ユーラシア大陸北部に位置し、世界最大の面積をもつ国です。ヨーロッパとアジアにまたがっており、南北につらなるウラル山脈をさかいにして西側がヨーロッパ州、東側がアジア州となっています。

大部分が亜寒帯で、夏と冬に大きな気温差があります。モスクワの冬の平均気温は約−6度、夏は約24度です。

日本との関係

日本海をへだてて向かいあう隣国どうしです。ロシア連邦との関係は1992年から始まりましたが、貿易や漁業での結びつきがある一方で、平和条約を結ぶにはいたっていません。日本政府は北方四島をめぐる領土問題を解決してロシアと平和条約を結ぶ考えを示してきましたが、2022年にロシアが行ったウクライナ侵攻によって両国の関係はさらにきびしい状況に置かれています。

クレムリン（ロシア大統領府）

ロシア 🇷🇺

学校制度

6〜17歳の11年間が義務教育期間となっています。普通教育機関では主に大学などへの進学準備のための教育、中等職業教育機関では主に仕事のための技能習得教育を行います。

義務教育期間

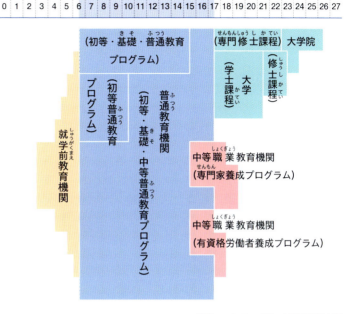

出典：ロシア・ソビエト教育研究会編
『現代ロシアの教育改革：伝統と革新の〈光〉を求めて』（東信堂、2021年）をもとに作成

小学校の1年

9月に始まる4学期制です。それぞれの学期は2か月〜2か月半ほどです。1〜3学期のあとは1、2週間ほどのお休みがあるほか、4学期のあとは約3か月間の長い夏休みがあります。

祝祭

マースレニツァ（2〜3月）

2月下旬〜3月上旬にかけて行われる東方正教会のお祭り（バター祭り）で、「冬を送る祭り」という意味があります。寒い冬を表すわら人形をもやし、ブリヌイというクレープのような料理をみんなで食べることで、春のおとずれを祝います。

ロシアの小学校の一日

ロシアの学校の授業時間は、1年生が35分、2〜4年生が35〜45分、5〜11学年は45分授業が標準です。ここで紹介する4年生の場合、授業は4時間目までの日と5時間目までの日があり、5時間目までの日は午後1時ごろに1日の授業が終わります。

ロシア語の授業

午前8:30ごろ
登校

ロシア軍がウクライナ侵攻を始めた2022年の9月の新学期から、月曜日の1時間目はロシアの全学校・全学年で「大切な話」という愛国教育の科目が必修となりました。

1時間目
大切な話

2時間目
英語

3時間目
ロシア語

登下校は集団ではなく各自ばらばらで、低学年の子どもは保護者が送りむかえをすることが多いです。

英語の授業

ロシア

下校のようす

保護者が学校の玄関までむかえに来ています。

4時間目		午後12:00-12:10		5時間目		午後1:00ごろ
算数		**昼食**		**体育**		**下校**

来客をでむかえる

授業中に目上の人が教室を訪れたら、起立してでむかえるのが礼儀とされています。

昼食のようす

昼食は食堂で、10分ほどで食べます。

ロシアで人気のスポーツ

「氷上の格闘技」アイスホッケー

ロシアで最も人気のあるスポーツはアイスホッケーです。氷の上で6人ずつのチームに分かれ、スティックを使ってパックとよばれる円盤を相手のゴールに入れ合います。固い防具をつけた選手どうしがぶつかり合うはげしい一面もあることから「氷上の格闘技」ともよばれています。

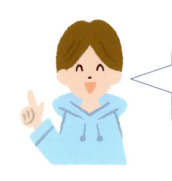

プロの試合を観戦するスポーツとしても、家族や友だちと一緒に楽しむスポーツとしても大人気！

ロシアの課外活動施設

以前は宮殿だった建物が課外活動の場に！？

ロシアには、学校のほかにも子どもがさまざまな体験をしたり技術などを学んだりすることができる「補充教育施設」があります。そのなかでも特徴的なのは、以前は宮殿だった場所を教育の場として改装した施設があることです。たとえば、サンクトペテルブルク国立青少年創造宮殿（アニチコフ宮殿）は、以前は皇帝一族の宮殿でしたが、現在では青少年のための授業やクラブを行う場所として活用されています。

現在では博物館や教育施設として使われているアニチコフ宮殿

サンクトペテルブルク国立青少年創造宮殿の宇宙クラブのようす

アメリカ 🇺🇸

どんな国

正式名称：アメリカ合衆国
人口：3億3,491万人
面積：983万3,517km²
首都：ワシントンD.C.
主な言語：英語
通貨：アメリカ・ドル
主な宗教：キリスト教

スクールバス

国土と気候

北アメリカ大陸の中央部に位置する本土、カナダをはさんで大陸の北端に位置するアラスカ、北太平洋にうかぶハワイ諸島などからなります。本土はカナダ、メキシコととなりあっています。東部にアパラチア山脈、西部にロッキー山脈が連なり、中央部には大平原を南北につらぬくようにミシシッピ川が流れています。

気候は地域によりさまざまです。北部は亜寒帯、南部は温帯または亜熱帯で、フロリダ半島の先端は熱帯です。

日本との関係

政治・軍事面では、第二次世界大戦後から続く同盟関係をたもっています。経済面では、貿易や企業どうしの交流がさかんに行われています。

文化や生活など、わたしたちにとって身近な部分でもおたがいに影響をあたえあっています。

ホワイトハウス（アメリカ大統領官邸）

学校制度

学校の分け方や年数の配分が州や地域によりちがいますが、日本と同じ6-3-3（年）制のほか、8-4制、6-3-4制などがあります。大きな特徴は、高等学校への入学試験がないということです。大学も、日本のような試験ではなく、大学入学適性試験の点数やクラブ活動、ボランティア活動の記録などを参考にして大学が合格・不合格を決めるしくみになっています。

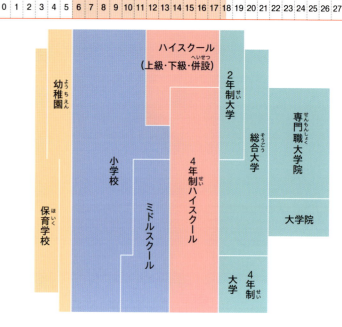

義務教育期間

出典：文部科学省『諸外国の教育統計』（2024年）をもとに作成

小学校の1年

9月に始まる3学期制です。1学期は9～12月、2学期は1～3月、3学期は4～5月で、3か月もある長い夏休みをすごしてまた次の1年が始まります。

祝祭
ニューヨークのニューイヤー（1月）

12月31日の深夜から1月1日にかけて、ニューヨークのタイムズスクエアに数十万人もの人が集まって盛大にカウントダウンを行います。新年を祝うイベントは各地で行われますが、その中でも世界最大級のものです。

アメリカ 🇺🇸

アメリカでの夏休みのすごし方

さまざまな活動に取り組むサマーキャンプ

　アメリカの学校では、1学年を終えたあとに長い夏休みが待っています。夏休みのすごし方として人気があるのがサマーキャンプです。キャンプといっても、自然の中ですごすものだけではありません。スポーツを楽しんだり、絵や音楽、プログラミングなどの教室に通ったりする、数日〜数週間のさまざまなプログラムが用意されています。

近年ではロボットを動かすプログラミング教室も人気が高い

大自然の中ですごす伝統的なキャンプ

アメリカの学校の教科書

どうしてそんなにぶあついの？

　アメリカの学校の教科書は、日本の学校の教科書よりもぶあつくて重いという特徴があります。写真を見てもらえばわかるように、中学校の教科書なのに、まるで図鑑や辞典のようにぶあつく、表紙も固くて丈夫な紙で作られています。

　このようにぶあつい理由は、アメリカでは州ごとに学校で勉強する内容がちがうからです。教科書を作る会社は、できるだけ多くの州で売ることができるよう、1冊の教科書にたくさんの内容をつめこむのです。表紙の紙が固くて丈夫な理由は、学校から子どもへ教科書をかし出すことが多いからです。5〜7年くらい使ってもボロボロにならないように作ります。

アメリカの学校の教科書（左）と日本の学校の教科書（右）

カナダ

どんな国

正式名称	カナダ
人口	4,010万人
面積	998.5万km²
首都	オタワ
主な言語	英語、フランス語
通貨	カナダ・ドル
主な宗教	キリスト教

授業のようす

国土と気候

　北アメリカ大陸の北部に位置し、南はアメリカ合衆国本土、北西はアラスカととなりあっています。西部にはロッキー山脈、東部には森林におおわれたラブラドル高地がつらなり、中央部には平原が広がっています。
　気候は北極圏に面する北部は寒帯ですが、太平洋岸は温帯で比較的温かいです。

日本との関係

　1928年に国交を結びました。明治～大正時代には多くの日本人が移民としてカナダに移住しましたが、第二次世界大戦中に両国が敵対し、日系人が拘留されるなどきびしい体験をしました。その後、1952年に国交が回復しました。
　ゆたかな森林資源をもち、日本はカナダから多くの木材を輸入しています。

ロッキー山脈の針葉樹林

カナダ 🇨🇦

学校制度

州によってちがいますが、6～16歳の10年間を義務教育期間とする州が多いです。義務教育期間中の授業料は無料です。就学前の教育は、主に4、5歳児を対象として初等学校に付設された幼稚園クラスなどで行われています。

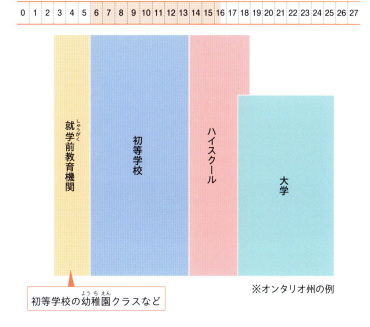

義務教育期間

※オンタリオ州の例

初等学校の幼稚園クラスなど

出典：文部科学省『世界の学校体系』(2017年)をもとに作成

小学校の1年

9月に始まる2学期制です。1学期は9月に始まって12月に終わります。2学期は1月に始まって6月に終わり、夏休みをすごしてまた次の1年が始まります。

祝祭

カルガリー・スタンピード（7月）

カナダ西部のカルガリーという町で7月上旬に10日間かけて行われる、カウボーイ、カウガールのお祭りです。スタンピードとは「動物の群れがどっと走り出す」という意味で、馬に乗った人がショーを行ったり、レースを行ったりして楽しみます。

カナダの小学校の一日

カナダは冬の寒さがきびしいため、冬はスキー用の衣服やブーツをはいて登校する子どももいます。学校に着くと、ぶあつい上着をぬいでロッカーなどに入れます。教室の中はあたたかいので、子どもたちは身軽なかっこうで授業を受けます。

登校のようす

子どもが一人で登下校することは少なく、ほとんどの場合スクールバス(ほごしゃ)を使ったり保護者といっしょに移動(いどう)したりします。

午前8:30ごろ	午前8:45〜9:00	1時間目	2-3時間目	午前10:30-11:00
登校	朝の学習	ニュース	総合探究(そうごうたんきゅう)	休み時間

総合探究の授業(そうごうたんきゅう じゅぎょう)

総合探究(そうごうたんきゅう)では、子ども自身がパソコンやタブレットを使って調べたり、友だちと話し合って資料(しりょう)をまとめたりします。

カナダ 🍁

図書館

4-5時間目	6時間目	午後12:30-1:30	7時間目	8時間目	午後3:30ごろ
英語	フランス語	昼食	図書	算数	下校

自動販売機

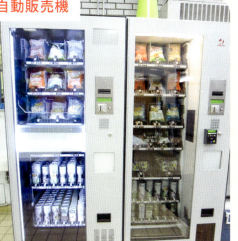

ろう下

自動販売機が置かれ、授業の合間に食べる軽食を買うことができる学校もあります。

49

ブラジル

どんな国

正式名称	ブラジル連邦共和国
人口	2億1,114万人
面積	851.2万km²
首都	ブラジリア
主な言語	ポルトガル語
通貨	レアル
主な宗教	キリスト教

授業のようす

国土と気候

南アメリカ大陸東部に位置し、10か国ととなりあっています。面積は南アメリカ大陸最大です。北部には世界で2番目に長いアマゾン川が流れており、その流域には「セルバ」とよばれる熱帯雨林が広がっています。南東部の海岸部にリオデジャネイロなどの大都市が集中しています。
気候は熱帯～亜熱帯で、気温が高く安定しています。

日本との関係

1895年に国交を結び、1908年には781人の日本人が最初の契約移民としてサントス港へ上陸し、ブラジルへ移住しました。その後も1990年ごろまで移住は行われ、戦前には約18万9000人、戦後には約6万8000人の日本人がブラジルへ移住しました。現在では約200万人の日系人（日本から移住した人やその子孫）がブラジルでくらしています。

現在のサントス港

ブラジル

学校制度

4〜17歳の14年間が義務教育期間です。4歳でプレスクール、6歳で小学校に入学します。その後、11歳で中学校にあたる前期中等学校、15歳で高校にあたる後期中等学校に進学します。公立の学校は大学もふくめて無料です。

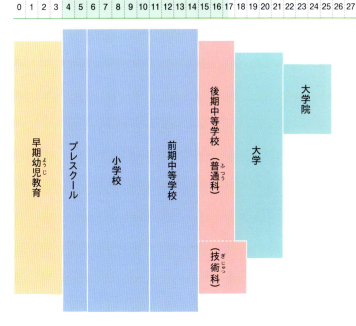

義務教育期間

出典：文部科学省『世界の学校体系』(2017年)をもとに作成

小学校の1年

2月に始まる2学期制です。1学期は2月に始まって6月に終わります。2学期は8月に始まって11月に終わり、夏休みをすごしてまた次の1年が始まります。

2月	3月	4月	5月	6月	7月	8月	9月	10月	11月	12月	1月
1学期						2学期					
					冬休み					夏休み	

祝祭

リオのカーニバル（2〜3月）

港町のリオデジャネイロで4日間かけて行われる、世界最大級のカーニバルです。とくに、サンバに合わせたダンスをおどりながら行進する盛大なサンバパレードが人気で、毎年100万人以上の観光客がカーニバルを見るためにリオデジャネイロをおとずれます。

ブラジルの小学校の一日

ブラジルの小学校は一日の授業が午前と午後に分かれていて、どちらかを選ぶことができます。学校によっては、同じ校舎で、午前は小学校、午後は中学校と分かれているところもあります。

このページでは、午前の部を選択した小学生の一日の例を紹介しています。

授業のようす

午前8:30ごろ
登校

1時間目
数学

2時間目
体育

午前9:30〜9:50
休み時間

体育館

ブラジル

図書室

教室のようす

いたずらっ子の児童が先生に罰として床はきを課されています。ふだんの教室の掃除は子どもではなく清掃員が行います。

3時間目
数学

6時間目
格闘技（カポエイラ）

4-5時間目
ポルトガル語

午後1:05ごろ
下校

ブラジルの小学校での食事は？

購買所で買うことのできるお菓子

ブラジルの小学校では、給食がなく、子どもたちが家で食事をとるのがふつうです。

購買所がある学校では、お菓子や軽い食事を買って、休み時間に食べることができます。

格闘技（カポエイラ）は、放課後のスポーツとして希望者だけが行う学校もあれば、体育の中の一科目となっている学校もあります。

足技が多く、ダンスのような動きが特徴！

メキシコ

どんな国

正式名称	メキシコ合衆国
人口	1億2,974万人
面積	196万km²
首都	メキシコシティ
主な言語	スペイン語
通貨	ペソ
主な宗教	キリスト教（カトリック）

首都メキシコシティのビル群

国土と気候

　北アメリカ大陸の南部に位置し、アメリカ合衆国、グアテマラ、ベリーズととなりあっています。国の中央部にはメキシコ高原が広がり、そのまわりを取りかこむようにして西シエラ・マドレ山脈が走っています。

　メキシコシティをふくむ中・南部は熱帯で一年中高温で、5〜11月は雨季になります。北部の大部分は乾燥帯です。

日本との関係

　1609年にメキシコに向かう途中の船が遭難し、日本の海岸に流れ着いたことから交流が始まります。

　正式な国交（日墨修好通商条約）は1888年に結ばれましたが、第二次世界大戦中に一時関わりがとだえ、その後、1952年に国交が再開しました。2005年には、日本・メキシコ経済連携協定も結ばれ、日本は自動車部品を輸出し、メキシコから電気機器や食料品などを輸入しています。

太平洋に面した貿易港であるマンサニージョ港

メキシコ

学校制度

3〜18歳の15年間が義務教育期間です。小学4年以降では留年の制度もあります。公立校は午前・午後で児童生徒を総入れ替えする二部制ですが、午前の部が人気で、午後の部はその数も減ってきています。また、公立校では、子どもたちは清掃をせず、保護者が交代で学校清掃をします。

コロナ禍では2年以上にわたり学校が閉鎖されて代替の通信授業が行われていました。

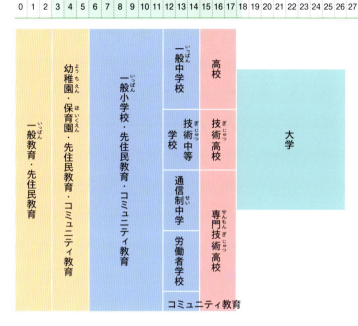

出典：学事出版『世界の学校』（2023年）をもとに作成

小学校の1年

メキシコでは高校になるまで学期制はありません。年間の授業日数は、公立の場合、国の規定で年間190日と決められており、新学期は8月に始まり7月に終わります。その間に冬休みと春休みがあります。

祝祭

死者の日（11月）

毎年11月1日と2日にメキシコ全土で行われる、死んだ人をとむらうためのお祭りです。この日に死んだ人のたましいがこの世にもどってくると考えられており、日本のお盆に似ています。多くの都市で、みんなでガイコツのメイクをして町なかを練り歩くパレードをしてもり上がります。

オーストラリア

どんな国

- 正式名称：オーストラリア連邦
- 人口：2,666万人
- 面積：769万2,024km²
- 首都：キャンベラ
- 主な言語：英語
- 通貨：オーストラリア・ドル
- 主な宗教：キリスト教

教室の学習ポスターや子どもたちの作品

国土と気候

南太平洋に位置するオーストラリア大陸とタスマニア島などからなります。内陸部は広大な砂漠です。

気候は地域によってちがいます。国土の大半は乾燥地帯ですが、人口の約8割が住んでいる東海岸部は亜熱帯になっています。

日本との関係

明治時代、日本はオーストラリアからたくさんの羊毛を輸入し良好な関係をきずいていました。第二次世界大戦では敵対し、その後、1952年に国交が回復しました。

現在もさかんに貿易を行っており、日本は石炭のほとんどをオーストラリアから輸入しています。また、自然ゆたかなオーストラリアは観光地としても人気が高く、毎年多くの日本人観光客がおとずれます。

オーストラリア南部の牧草地

オーストラリア

学校制度

6～17歳の11年間が義務教育期間ですが、多くの子どもは初等学校の就学準備学級などで5歳から教育を受け始めます。6歳で初等学校1年生となり、12歳で中等学校に進学します。オーストラリアでは留年がそれほどめずらしいことではなく、保護者と相談して同じ学年を2回すごす場合もあります。

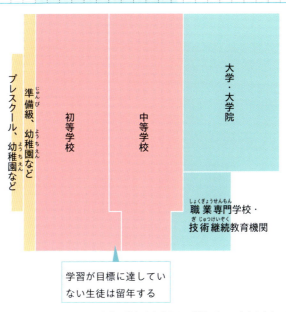

義務教育期間

年齢 0 1 2 3 4 5 6 7 8 9 10 11 12 13 14 15 16 17 18 19 20 21 22 23 24 25 26 27

- プレスクール、幼稚園など
- 準備級、幼稚園、幼稚園など
- 初等学校
- 中等学校
- 大学・大学院
- 職業専門学校・技術継続教育機関

学習が目標に達していない生徒は留年する

出典：学事出版『世界の学校』（2023年）をもとに作成

小学校の1年

2月に始まる4学期制です（3学期制の州もある）。それぞれの学期は2か月～2か月半ほどで、学期と学期の間にお休みがあります。

2月	3月	4月	5月	6月	7月	8月	9月	10月	11月	12月	1月
1学期		2学期			3学期			4学期			

秋休み　　冬休み　　春休み　　夏休み

シドニー郊外にある中等教育学校の校庭にある、先住民の行事等をとり行う特別な場所。ハーモニーウィークをはじめとする学校行事などでも先住民の背景を持つ子どもによる発表等が行われる。

祝祭

ハーモニーウィーク（3月）

人々の文化的な多様性を尊重し合うためのハーモニーデー（3月21日）前後の一週間です。オーストラリアは、先住民をはじめ、さまざまな国や地域から移民した人々からなる多文化国家であることから、学校教育でも多様な背景をもった人々がおたがいのちがいを尊重し合う機会をもつことが大事にされています。ハーモニーデーのほかにも、5月下旬は先住民との和解（Reconciliation）のための特別週間とされており、各地でイベントがひらかれます。

オーストラリアの小学校の一日

日ざしが強いオーストラリアの学校では、校庭に日よけを設置することや、制服につばの広いぼうしがふくまれていることなど、子どもたちを紫外線から守るさまざまな工夫が見られます。休み時間には、子どもたちは先生に見守られながら、友達と遊んだり本を読んだりと、思い思いの時間をすごします。

授業のようす

とくに低学年では、子どもたちの集中力の高い午前中に英語や算数の授業が行われることが多いです。

午前8:15ごろ
登校

多くの子どもが保護者の車に乗って通学します。

1-2時間目
英語

3時間目
算数

4時間目
体育

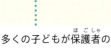
ろう下

校舎

オーストラリアの学校では現在、連邦旗に加え、2種類の先住民族の旗をかかげることが義務付けられています。

冷蔵庫

オーストラリア北部や内陸部の学校では、食べ物がいたむのをふせぐため、ランチボックスを入れる冷蔵庫が各教室に一台ずつあることもめずらしくありません。

オーストラリア

ICT機器

タブレットやパソコンが一人一台用意されています。

アフタースクールケア

放課後は、アフタースクールケア（学童保育）ですごす子どももいます。宿題をすることもありますが、基本的には、保護者のおむかえまで、みんなで遊んですごします。

ランチ／お昼休み

下校

午後3:00ごろ

5時間目
言語

子どもたちの遊び場には必ず日よけが設置されています。

校庭

日本語教室

※上記の写真は実際の現地のものです。

小学校・中学校では、必修科目「言語」の一つとして、多くの学校で日本語が教えられています。

サモア

どんな国

正式名称	サモア独立国
人口	22万人
面積	2,830km²
首都	アピア
主な言語	サモア語、英語
通貨	サモア・タラ
主な宗教	キリスト教

授業のようす

国土と気候

　南太平洋にうかぶサモア諸島の西半分をしめています。火山島で地形がけわしく、地表に出たマグマがとけたまま流れる溶岩流におおわれています。海岸にはサンゴ礁が見られます。
　気候は熱帯で、むし暑く雨季には雨が多くふります。

日本との関係

　1973年に国交が始まりました。
　日本はサモアへの主要援助国になっています。サモアは2009年のサモア沖地震で大きな被害を受けるなど、自然災害の危険にさらされている国であり、また小さな島国であることから、日本は港の整備、ごみ処理、小学校の校舎の改築など、さまざまな面で支援を行ってきました。

ウポル島の浜辺

サモア

学校制度

5歳で入学する小学校での8年間、または14歳までが義務教育期間です。中等学校は5年間です。5歳で小学校に入学するのは、同じオセアニアに属するニュージーランドと同様ですが、ニュージーランドでは誕生日をむかえる子どもが順番に入学するのに対し、サモアでは1月にいっせいに入学することになっています。

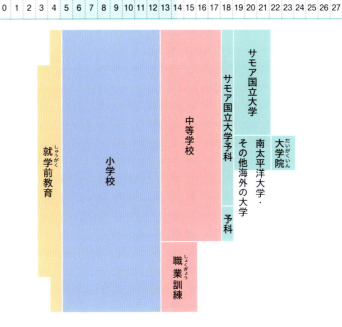

出典：学事出版『世界の学校』（2023年）をもとに作成

小学校の1年

1月末ごろに始まる4学期制です。それぞれの学期は2か月～2か月半ほどで、学期と学期の間にお休みがあります。

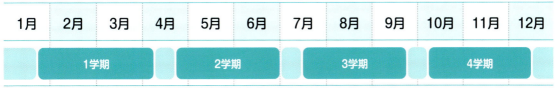

祝祭

ホワイトサンデー（10月）

10月の第2日曜日は、日本でいう「こどもの日」にあたる祝日です。子どもたちはふだんから白い服を着て教会に行きますが、年に一度、この日のために新しく買ってもらった服を着て、歌やおどりなどの出し物を披露します。

ホワイトサンデーのようす

サモアの小学校の一日

ラグビーがさかんなサモアでは、学校に着いた子どもたちがリュックを教室の前に置いておき、ぼうしを丸めたボールでラグビーを始めます。ラグビーがさかんな学校では、女子も男子にまじってラグビーをします。

朝礼のようす

授業(じゅぎょう)が始まる前に集まり、おいのりをして讃美歌(さんびか)を歌ったあと、校長先生の話を聞きます。

午前7:30ごろ	午前7:40ごろ	1時間目	午前10:00〜10:30
登校	朝礼	算数	午前休み

午前休みのようす

ラグビーをして遊んでいます。

サモア

授業のようす

2時間目		午後12:00〜12:30		午後2:00ごろ
理科	3時間目 **サモア語**	**昼休み**	4時間目 **英語**	**下校**

昼休みの購買店

昼休みはランチをしたりおしゃべりをしたりしてすごします。

下校風景

63

ニュージーランド

どんな国

- 正式名称：ニュージーランド
- 人口：522万人
- 面積：27万534km²
- 首都：ウェリントン
- 主な言語：英語
- 通貨：NZドル
- 主な宗教：キリスト教

小学校の校舎（オークランド市）

国土と気候

　南太平洋の南西部に位置する島国で、北島と南島、周辺の島々からなります。北島には多くの火山があり、南島にはサザンアルプス山脈が南北につらなっています。
　気候は温帯で、夏と冬の気温差が少ないことが特徴です。ウェリントンの1月の平均気温は約17〜18度、7月は約10度となっています。

日本との関係

　ニュージーランドがイギリス領だったころから交流がありましたが、1947年にニュージーランドが独立し、1952年に日本が主権を回復することで国交が始まりました。
　羊や牛などの牧畜がとてもさかんで、日本も多くの肉類やチーズを輸入しています。

ニュージーランドの牧草地

ニュージーランド

学校制度

6歳から16歳の誕生日までの10年間が義務教育期間ですが、5歳の誕生日をむかえる日から初等学校に入学することができます。子どもにより入学する日がちがっているため、入学式は行いません。公立学校の授業料は無料です。就学前の教育は、幼稚園、保育所、プレイセンターなどで行われています。

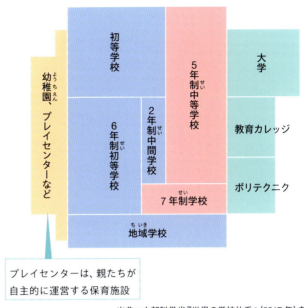

義務教育期間

プレイセンターは、親たちが自主的に運営する保育施設

出典：文部科学省『世界の学校体系』(2017年) をもとに作成

小学校の1年

1月末頃から始まる4学期制です。それぞれの学期は2か月～2か月半ほどで、学期と学期の間にお休みがあります。

祝祭

ワイタンギ・デーのお祭り（2月）

イギリスと先住民族のマオリがワイタンギ条約を結んだ日（1840年2月6日）を記念する日に行われるお祭りです。マオリの音楽やおどり、パレードなどが披露され、マオリの歴史や文化に親しむことができます。

ニュージーランドの小学校の一日

ニュージーランドの学校の教室では、子どもたちの決まった席はなく、それぞれの作業がしやすく落ち着ける場所にすわります。低学年の教室ではイスのほかに丸テーブルやクッション、マットが置かれていて、ねころんで本を読むこともできます。

授業が始まる前のようす

子どもたちは教室の好きな場所で本を読んですごします。

午前8:30ごろ	1時間目	午前10:55〜11:15
登校	**算数**	**モーニングティー**

午前8:55〜9:00	2時間目
連絡、予定確認	**英語ライティング**

通学リュック

学校に着いたら、通学リュックをろう下にかけてから教室に入ります。

ニュージーランド

校庭の遊具

教室の掲示物

体の動きがマオリ語(ニュージーランドの先住民の言葉)で表されています。

3時間目	午後12:45〜1:55	午後2:45〜3:00
英語リーディング／タブレット等による学習	ランチタイムと活動	一日のふり返り、下校準備

	4時間目		5時間目		午後3:00
	探究		探究		下校

探究の授業

「無私」ってどういうこと？

英雄とアイドルのちがいは何？

「英雄」をテーマに、子どもたちがパソコンで調べたり、自分の意見を書きこんだりしています。

67

アラブ首長国連邦

どんな国

正式名称	アラブ首長国連邦
人口	1,048万人
面積	8万3,600km²
首都	アブダビ
主な言語	アラビア語
通貨	ディルハム
主な宗教	イスラム教

首都アブダビの学校の校舎

国土と気候

アラビア半島東部に位置し、オマーン、サウジアラビアととなりあっています。アブダビやドバイなど7つの首長国が結成してできています。国土の大部分は平らな砂漠地帯です。

全土が高温で乾燥した砂漠気候ですが、アラビア湾に面する長い海岸部のため昼と夜の気温差が少なく、湿度も年間を通じて80%と高いのが特徴です。

日本との関係

1971年にアラブ首長国連邦が建国された直後から国交が始まりました。

原油が多く取れるアラブ首長国連邦は、エネルギー資源にとぼしい日本にとって重要な原油輸出国です。日本からアラブ首長国連邦に対しては、自動車や機械などの工業製品を多く輸出しています。

ドバイの町並み

アラブ首長国連邦

学校制度

6～17歳の12年間が義務教育期間です。6歳で初等学校に入学し、10歳で中級学校、14歳で普通中等学校または技術・職業学校に進学します。各教育段階が4年ごとで区切られている4-4-4制になっています。

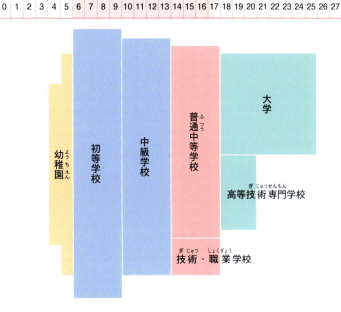

出典：教科書研究センターホームページ
（https://textbook-rc.or.jp/kaigai/　2025年1月14日閲覧）をもとに作成

小学校の1年

3月に始まる3学期制です。1学期は8月末～12月、2学期は1～3月、3学期は4～7月で、夏休みをすごしてまた次の1年が始まります。

祝日

建国記念日（12月）

12月2日は、1971年のアラブ首長国連邦の建国を記念する日で、各地で国旗をかかげたり、祝典が開かれたりします。写真は、男性たちが細いつえを持ってリズムに合わせておどるアヤラというダンスをおどっているようすです。

インド

どんな国

- 正式名称：インド共和国
- 人口：14億3,807万人
- 面積：328万7,469km²
- 首都：ニューデリー
- 主な言語：ヒンディー語
- 通貨：ルピー
- 主な宗教：ヒンドゥー教

首都ニューデリーの大通り

国土と気候

アジア大陸南部、インド半島の大部分をしめる国で、6か国ととなりあっています。国土はヒマラヤ山脈がつらなる北部の山地、ガンジス川流域のヒンドスタン平原、半島部からなっています。

気候は地域によりちがいますが、おおむね4～5月の暑季、6～10月の雨季、11～3月の乾季に分けられます。

日本との関係

交流の歴史はとても古く、仏教や交易など、日本はインドから多大な影響を受けています。現在に続く国交が結ばれたのは1952年のことです。

インドといえば「カレー」や「紅茶」というイメージが強いかもしれません。一方で、近年ではIT産業が急速に成長している国としても知られており、多くの日本企業がインドに進出しています。

首都ニューデリーのバザール

インド

学校制度

6〜14歳の8年間が義務教育期間です。6歳で初等学校に入学し、10〜11歳で上級初等学校に進学します。学校の区切り方は州によってちがいますが、初等学校が5年、上級初等学校が3年としている州が多いです。就学前の教育は、幼稚園では3〜5歳を対象に行われています。

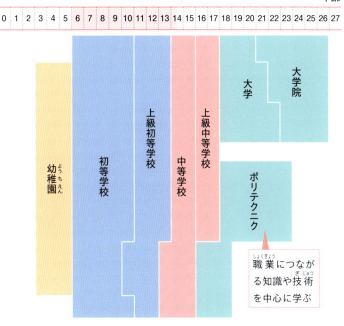

義務教育期間

出典：文部科学省『世界の学校体系』（2017年）をもとに作成

小学校の1年

州によって学校のスケジュールがちがいますが、4〜6月に始まる州が多いです。南インドのテランガーナ州では、6〜10月の1学期、11〜2月の2学期からなる2学期制です。

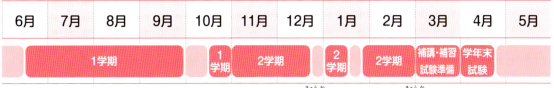

6月	7月	8月	9月	10月	11月	12月	1月	2月	3月	4月	5月
	1学期				1学期	2学期	2学期	2学期	補講・補習 試験準備	学年末 試験	
夏休み				1学期休み		クリスマス休暇 （キリスト教学校のみ）		サンクランティ休暇 （ヒンドゥー教のお祭り、キリスト教学校以外）			夏休み

祝祭

ホーリー祭（3月）

インド全域で3月の満月の日の前後に行われるヒンドゥー教のお祭りです。春のおとずれを祝いみんなで集まって色のついた粉や色水をかけあいます。悪魔を退治するためにどろや糞尿を投げつけたのが始まりという説があり、黄色い粉は糞尿、赤は血肉、緑は自然のめぐみを表しているといわれています。

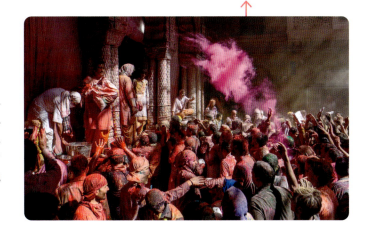

インドネシア

どんな国

正式名称：インドネシア共和国
人口：2億8,119万人
面積：約192万km²
首都：ジャカルタ
主な言語：インドネシア語
通貨：ルピア
主な宗教：イスラム教

小学校の校舎（バンドン市）

国土と気候

　東南アジア南東部にうかぶ1万7500以上の島々からなる国です。その中でも大きな島々は、ジャワ、スマトラ、カリマンタン（ボルネオ）、スラウェシ、ニューギニア（パプア）などです。
　多くの地域でジャングルとよばれる熱帯雨林が広がっており、ほぼ全土が熱帯です。

日本との関係

　第二次世界大戦中に当時オランダの植民地だったインドネシアを日本軍が占領し、日本の敗戦まで統治していたという歴史があります。現在の関係は、1958年に平和条約を結んだことで始まりました。
　日本はインドネシアへの開発支援を積極的に行う一方、天然ガスなどの重要な資源をインドネシアから輸入しており、さまざまな面でつながりがあります。

首都ジャカルタのビル群と市街

インドネシア

学校制度

7～16歳の9年間が義務教育期間です。インドネシアの学校制度の大きな特徴は、一般学校とイスラム学校（マドラサ）の2系統があり、管轄する省庁がそれぞれちがっているということです。イスラム学校では宗教の時間をより多く取り入れています。一般学校からイスラム学校（またはその逆）への移動や進学も可能です。

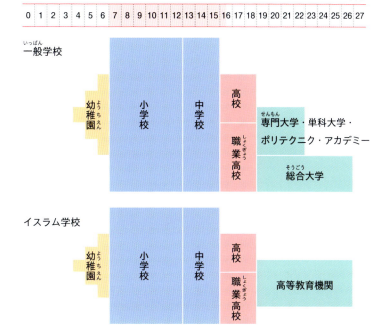

義務教育期間

出典：文部科学省『世界の学校体系』（2017年）をもとに作成

小学校の1年

7月に始まる2学期制です。1学期は7～12月、2学期は1～6月です。ラマダン（イスラム暦9月の間、日中に断食する習慣）の最終日に行われる大祭の前後数日間は国民の休日となり、学校もお休みになります。

祝祭

ニュピ（3月）

バリ島独自のバリ・ヒンドゥー教の暦で大みそか～元日にあたる日に行われます。悪霊をかたどったオゴオゴという人形をみこしにして町なかを引き回し、最後は焼きはらうことで、バリ島全土が浄化されると考えられています。

シンガポール

どんな国

正式名称：シンガポール共和国

人口：592万人

面積：約720km²

首都：シンガポール

主な言語：英語、中国語、マレー語、タミール語

通貨：シンガポール・ドル

主な宗教：仏教、キリスト教、イスラム教、道教、ヒンズー教

朝の会で子どもたちが「国民としてのちかい」を唱えているようす

国土と気候

東南アジアのマレー半島南端の島々からなる国です。首都が「シンガポール」なのは、都市全体が一つの国になっている都市国家とよばれる成り立ちをしているためです。国土の大半が市街地になっており、もともとの自然はほとんど残っていません。

ほぼ赤道直下に位置しており、一年を通じて高温多湿な熱帯雨林気候です。

日本との関係

シンガポールが独立した翌年の1966年に国交を結びました。

シンガポールは古くから貿易船の拠点としての役割をになっており、現在も外国の企業を積極的に受け入れています。日本との経済的な結びつきも強く、多くの日本企業がシンガポールに進出しています。

シンガポール中心部のマーライオン公園

シンガポール

学校制度

6歳で入学する初等学校での6年間が義務教育期間となっています。中等学校は4～6年間で、初等学校卒業試験の結果を受けて、教科ごとに習熟度別コースを選びます。

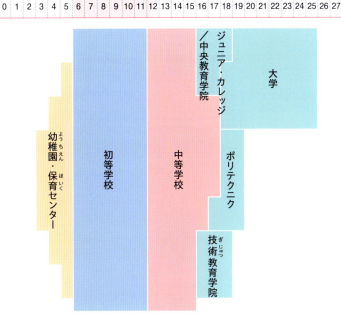

義務教育期間

出典：文部科学省『世界の学校体系』(2017年) をもとに作成

小学校の1年

1月に始まる2学期制です。1学期は1月に始まって5月に終わります。2学期は7月に始まって11月に終わり、冬休みをすごしてまた次の1年が始まります。

1月	2月	3月	4月	5月	6月	7月	8月	9月	10月	11月	12月
1学期	1学期		1学期	1学期		2学期	2学期	2学期	2学期		
		春休み			夏休み			秋休み			冬休み

祝祭

チンゲイパレード (1～2月)

旧暦の正月をお祝いするパレードです。チンゲイとは「仮装の芸」という意味で、カラフルな衣装を着たダンサーのおどりや山車を披露しながら行進します。もともとは中国系の人々だけで行うパレードでしたが、現在ではマレー系やインド系の人々も参加し、国全体でもり上がります。

シンガポールの小学校の一日

多民族国家のシンガポールでは、学校でもさまざまな民族の子どもたちがいっしょに勉強します。キャンティーン（食堂）でも子どもたちが自分に合った昼食をとることができるようになっています。

体育の授業

午前8:00ごろ
登校

1-2時間目
数学

3-4時間目
理科

5時間目
体育

登校風景

さまざまな民族の子どもたちが登校しています。

理科の授業

シンガポール

英語の授業のようす

キャンティーン(食堂)

午前10:15-10:45
休み時間

9-11時間目
英語

午後2:00ごろ
下校

7-8時間目
民族語

午後1:15-1:45
昼食

休み時間

下校風景

午前中の休み時間はキャンティーン(食堂)で自由にすごすこともできます。

77

タイ

どんな国

正式名称	タイ王国
人口	7,170万人
面積	51万4,000km²
首都	バンコク
主な言語	タイ語
通貨	バーツ
主な宗教	仏教

地方（ラノーン県）の小学校の校舎（撮影：平田利文）

国土と気候

東南アジア、インドシナ半島の中央部に位置し、マレーシア、カンボジア、ラオス、ミャンマーととなりあっています。北部は山岳地帯で、おおむね南へ行くほど低くなる地形になっています。中央部のチャオプラヤ川流域には農耕に適した湿地帯が広がっています。

全土が熱帯で、3～5月の暑季、6～10月の雨季と11～3月の乾季に分かれています。

写真提供：shutterstock

日本との関係

交流の歴史は古く、江戸時代の始めごろには貿易に関わる日本人がタイに日本人町を作っていました。その後、江戸幕府の鎖国政策によって関係がとだえましたが、1887年に国交が結ばれました。

食文化の面では、ガパオライスやトムヤムクンなどのタイ料理は日本でも人気が高く、親しまれています。

アユタヤ市の日本人町の跡地に建てられた日タイ修好120周年記念館

タイ

学校制度

6～15歳の9年間が義務教育期間です。6歳で初等学校に入学し、12歳で前期中等学校に進学します。中等教育では、通常のコースのほかに、音楽・演劇や軍・警察などの専門的な学校もあります。また、日本とはちがい、仏教やイスラム教などの宗教教育が公立学校の中で行われていることも大きな特徴です。

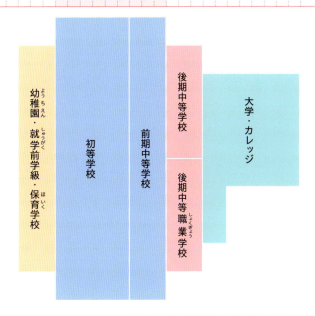

出典：文部科学省『世界の学校体系』をもとに作成

小学校の1年

5月に始まる2学期制です。1学期は5月に始まって9月に終わります。2学期は11月に始まって3月に終わり、夏休みをすごしてまた次の1年が始まります。

祝祭

ソンクラーン（4月）

タイの旧暦のお正月に行われるお祭りで、町なかの人が盛大に水をかけあいます。中南部の都市アユタヤではゾウによる水かけも有名です。タイに古くからある、正月に仏像や年配者に敬意をこめて水をかける習慣が元となっています。

写真提供：shutterstock

タイの小・中学校の一日

タイの学校では、仏教やイスラム教といった宗教の教育が大切にされています。校庭などに仏像が置いてある学校もあり、仏教徒の生徒たちは登下校するときに仏像に必ずおいのりをします。

朝礼のようす
（撮影：平田利文）*

朝は校庭に集まり、国旗をかかげて朝礼をします。

午前8:00ごろ	午前8:30ごろ	1時間目	2時間目	3時間目
登校	朝礼	理科	保健	算数

登校風景

保護者が子どもをバイクに乗せて通学するようすもみられます。

（撮影：平田利文）*

授業のようす

（撮影：平田利文）

タイ 🇹🇭

僧侶による仏教教育

僧侶が常駐している学校もあります。

（撮影：平田利文）

少人数クラスの教室

（撮影：平田利文）

4時間目	午前11:30ごろ		5時間目		6時間目	午後4:00ごろ
歴史	給食		体育		タイ語	下校

給食のようす

（撮影：平田利文）

教室にかかげられているラック・タイ

タイの学校では、ラック・タイといって、国として最も大事にしている「国家・宗教・国王」の写真がかかげられています。

（撮影：平田利文）＊

参考：冨田竹二郎・赤木攻編『タイ日大辞典　改訂版』
（めこん、2023年）

＊印の写真は二宮皓編著『世界の学校』（学事出版、2023年）に掲載。

韓国

どんな国

正式名称	大韓民国
人口	5,171万人
面積	約10万km²
首都	ソウル
主な言語	韓国語
通貨	ウォン
主な宗教	仏教、キリスト教

首都ソウルの小学校の校舎

国土と気候

　東アジア、朝鮮半島の南半分をしめる国です。北朝鮮（朝鮮民主主義人民共和国）とはもともと同じ国でしたが1948年に分断されました。東海岸にそって南北に太白山脈がつらなり、西部と南部に平野が広がっています。
　南部は温帯、北部は亜寒帯です。ソウルの夏の平均気温は約25度、冬は約−2度で、はっきりと四季があります。

日本との関係

　日本海をへだてて向かいあう隣国どうしで、日本が最も古くから交流をもつ国の一つです。現在は主要な貿易相手国どうしであり、身近なレベルでも料理やポップカルチャーをはじめとしておたがいの文化に親しんでいます。
　一方で、第二次世界大戦中に日本が当時の朝鮮を占領していた歴史があり、歴史に対する考え方のちがいから対立や関係の悪化が起こることがたびたびあります。

首都ソウルの高層ビル群

韓国 🇰🇷

義務教育期間

学校制度

6〜15歳の9年間が義務教育期間です。6歳で小学校に入学し、12歳で中学校に進学します。小学校では入学する学校を地方教育庁が決め、中学校では体育や芸術などの専門的な学校をのぞき、抽選で進学先が決まることになっています。私立中学校へ通うことになった場合も授業料は無料です。

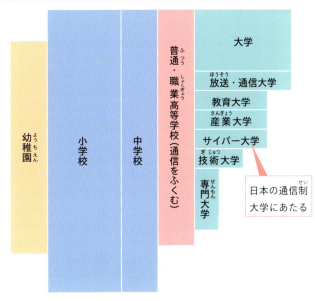

日本の通信制大学にあたる

出典：文部科学省『世界の学校体系』(2017年)をもとに作成

小学校の1年

3月に始まる2学期制です。1学期は3月に始まって7月に終わります。2学期は8月に始まって2月に終わり、春休みをすごしてまた次の1年が始まります。

3月	4月	5月	6月	7月	8月	9月	10月	11月	12月	1月	2月
1学期						2学期					2学期

夏休み　　　　　　　　　　　　　　　　冬休み　春休み

祝祭
燃灯会（5月）

旧暦の4月8日、おしゃか様の誕生日を祝うお祭りです。ソウルの各地をたくさんのランタンでかざることで、おしゃか様の功績をたたえます。現在では、大きな山車が町なかをパレードする「燃灯行列」も行われ、多くの人がパレードを見るためにソウルへ集まってきます。

83

韓国の小学校の一日

韓国の学校では、担任の先生のつくえが教室に置いてあり、先生と子どもが多くの時間をいっしょにすごします。韓国では教師は「先生様（ソンセンニム）」とよばれ、人気の職業の一つです。

授業のようす

午前8:30ごろ
登校

1-2時間目
国語

午前8:40～9:00ごろ
朝活動

3時間目
数学

教科書

国語　　道徳

登校風景

韓国 🇰🇷

給食のようす

創体は「創意的体験活動」のことで、ボランティアやサークル活動、職業体験などさまざまな体験をふくんだ活動をする科目です。

4時間目	午後12:10-1:00	5時間目	6時間目	午後2:30ごろ
体育	給食	英語	創体	下校

体育の授業

85

放課後のすごし方

「学院（ハグォン）」に通う子どもたち

韓国では授業が終わると、学校が開く放課後学校に参加したり、習い事や塾に通ったりします。ピアノやダンスなどの習い事と、勉強を教えてもらう塾のことを、韓国ではまとめて「学院（ハグォン）」とよびます。受験の競争がはげしいため、塾に通っている子どもはとくに多いですが、子どもが勉強しすぎて健康をこわすのではないかと心配する声もあります。そこで、夜10時以降に塾を開くことを禁止するなどの対策がとられています。

さまざまな塾が入っているビル

韓国のスポーツ

「足のボクシング」テコンドー

韓国では、伝統的なスポーツであるテコンドーが授業に取り入れられている学校もあります。また、放課後にテコンドー道場に通う子どもも多くいます。テコンドーは朝鮮半島に伝わる古武術や中国武術、日本の空手などを融合させた格闘技です。手も使いますが、飛びげりや後ろ回しげりなど動きの大きい足技が特徴的で、「足のボクシング」ともよばれています。

テコンドーは頭とどうを守る防具をつけて行う

中国

どんな国

正式名称	中華人民共和国
人口	14億1,071万人
面積	約960万km²
首都	北京
主な言語	中国語
通貨	人民元
主な宗教	仏教・イスラム教・キリスト教など

授業のようす

国土と気候

アジア大陸の東部に位置する広大な国土をもち、面積はヨーロッパ大陸全体とほぼ同じくらいです。西に山脈が多く、東に平地が広がる「西高東低」の地形です。黄河や長江といった大河が西から東へ流れ、その下流域には平原が広がっています。

東部の大部分は温帯、北東部は冷帯、西部は乾燥帯となっています。北京は気温差が大きく、7月の平均気温は約27度、1月は約−3度となっています。

日本との関係

日本は古代からあらゆる面で中国の影響を受けてきました。1937〜1945年に日中戦争が起こり、終戦後も緊張状態が続きました。1972年に国交が回復し、1978年に日中平和友好条約を結びました。現在、中国は日本にとって最大の貿易相手国となっています。

首都北京の町並み

学校制度

7〜16歳の9年間が義務教育期間です。年数の区分けは地方によってちがいますが、多くの地方で6歳で小学校に入学し、13歳で初級中学に進学します。就学前の教育は、幼稚園や小学校の幼児学級で、主に3〜6歳を対象に行われます。

義務教育期間

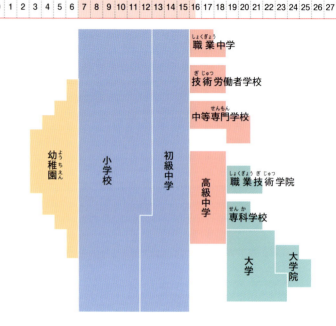

出典：文部科学省『世界の学校体系』(2017年)をもとに作成

小学校の1年

9月に始まる2学期制です。1学期は9月に始まって1月に終わります。2学期は2月に始まって7月上旬に終わり、夏休みをすごしてまた次の1年が始まります。

9月	10月	11月	12月	1月	2月	3月	4月	5月	6月	7月	8月
1学期					2学期						

冬休み　　　　　　　　　　　　　　　　　　　夏休み

祝日

国慶節（10月）

10月1日は中華人民共和国の建国記念日で、中国全土で盛大に祝われます。とくに首都北京では、天安門広場での国旗掲揚やパレードが行われたり、市街を赤い提灯や札でかざったりして大いにもり上がります。

中国

中国の学校では何語を勉強する？

共通語と少数民族の言語を両方学習する

中国には、55の少数民族の人々がくらしており、そのほとんどが独自の言語をもっています。さらに、中国語にもたくさんの方言があるため、中国全土で話が通じるよう、学校では「普通話」とよばれる共通語を教えることに力がそそがれています。

一方で、民族独自の言語や文化を知ることも、その民族の人々にとってとても大切なことです。そのため、少数民族の学校では、普通話と民族言語の両方を学習する「二言語教育」が行われています。

民族文化の伝承に熱心に取り組んでいるナシ族の学校（雲南省麗江市）

壁に描かれたナシ族の創世記の絵（雲南省麗江市）

路上でくし焼きを売っている屋台（上海市）

中国の食事事情

朝ごはんと夕ごはんは外で食べる家庭も多い

中国の小学生は、昼は学校の教室や食堂で給食を食べます。朝や夕方は、家で食べる人もたくさんいますが、共働きの家庭が多いため、屋台や食堂で食べることも多いという特徴があります。朝食としてよく食べられているのは、豆乳とあげパン、おかゆ、むしパンといったメニューです。夕食も、めん類やぎょうざ、まんじゅう、肉料理、チャーハンのようなどんぶり料理など、さまざまなものを屋台で買って食べることができます。

中国の小学校の一日

中国の学校では、授業が始まる前にラジオ体操や朝の読書などの活動を行います。子どもたちは授業が始まる30分前には学校にやって来て、みんなでラジオ体操をしたあと、教室にもどって授業の準備に取りかかります。

農村部学校の授業のようす
（雲南省寧浪県）

午前8:00ごろ **登校**

午前8:05-8:30 **準備・朝の読書**

1時間目

2時間目

午前10:20-10:30 **目の体操**

3時間目

目の体操
（雲南省寧浪県）

授業の合間に、つかれた目をみんなで休めます。

昼休みに図書室で読書する生徒
（上海市）

中国

ICTを使った授業のようす
(雲南省寧浪県)

掃除のようす
(雲南省寧浪県)

授業が終わると、当番の生徒が教室やろう下を掃除します。

午前11:20〜午後1:40	午後2:45-2:55		午後5:30
給食・昼休み	目の体操	6時間目	下校

	4時間目	5時間目	午後4:40-5:20
			課外活動

保護者といっしょに下校する子どもたち
(雲南省麗江市)

バングラデシュ

どんな国

正式名称：バングラデシュ人民共和国
人口：1億7,147万人
面積：14万7,000km²
首都：ダッカ
主な言語：ベンガル語
通貨：タカ
主な宗教：イスラーム

村の前期中等学校の校舎

国土と気候

南アジアに位置し、周囲をインドにかこまれています。南東部ではミャンマーともとなりあっています。国の中央部をガンジス川が流れており、国土の大半は川に運ばれた土砂がたまってできた三角州になっています。

全土が熱帯で、季節は6～10月の雨季と11～2月の乾季に分かれています。

日本との関係

バングラデシュがパキスタンから独立した翌年の1972年から国交が始まりました。太陽や独立のときに流された血を表す赤い丸が中央に配置された国旗は、日本の日の丸を参考に作られたといわれています。

バングラデシュは中国に次いで世界第2位の衣料品の輸出国で、日本でもバングラデシュ製の洋服が多く売られています。

バングラデシュの繊維工場

バングラデシュ

学校制度

6歳で入学する初等教育での5年間が義務教育期間です。普通学校教育の体系とは別に、イスラム神学校（マドラサ）の体系があります。さらに、マドラサにも普通教育と同様の内容を学べるアリア・マドラサのほかに、イスラム教育中心のコウミ・マドラサがあるなど、さまざまな形の学校があることが大きな特徴です。

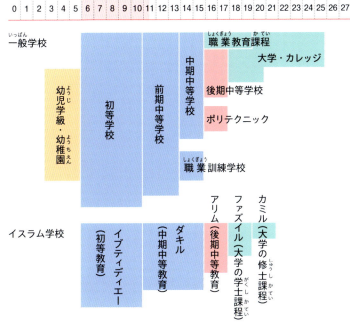

出典：文部科学省『世界の学校体系』(2017年)をもとに作成

小学校の1年

1月に始まる2学期制です。1学期は1月に始まって6月に終わります。2学期は7月に始まって12月に終わり、冬休みをすごしてまた次の1年が始まります。

1月	2月	3月	4月	5月	6月	7月	8月	9月	10月	11月	12月
1学期						2学期					

夏休み　　　　　　　　　　　　　　　　　冬休み

祝祭

ベンガル新年（4月）

バングラデシュの旧暦の新年を祝うお祭りです。ベンガルトラや鳥や魚などの生き物をかたどったプラカードをかかげ、首都ダッカの町なかを行進します。1980年代に軍事政権に苦しんでいた人たちが連帯を表すために始めたという歴史があり、プラカードには魔よけや平和、勇気などの意味がこめられています。

バングラデシュの小学校の一日

バングラデシュでは、校舎や先生の人数にかぎりがあるため、午前と午後で生徒を入れかえる、二部制の学校も多くあります。ここでは、一部制の「学校の一日」を紹介しています。

村の小学校の校舎

午前8:30ごろ
登校

授業が始まる前に運動場に集まり、みんなで国歌を歌います。

午前8:40ごろ
朝の集会

1時間目
英語

バングラデシュでは小学校から英語を勉強します。

2時間目
算数

小学校の制服

授業のようす（前期中等学校）

バングラデシュ

村の小中学生

放課後はクラブ活動をしたり、家の手伝いや宿題をしたりしてすごします。

休み時間

3時間目
科学

4時間目
イスラム

午後2:00ごろ
下校

神学校「マドラサ」のようす

バングラデシュでは一般的（いっぱんてき）な小学校のほかに、マドラサとよばれるイスラム教の神学校があります。マドラサではパンジャビという白い服とトゥピというぼうしが制服（せいふく）になっています。

寄宿制（きしゅくせい）マドラサの生徒たち

マドラサの大規模（だいきぼ）教室

ブータン

どんな国

正式名称	ブータン王国
人口	79万人
面積	3万8,394km²
首都	ティンプー
主な言語	ゾンカ語
通貨	ニュルタム
主な宗教	チベット系仏教、ヒンドゥー教

全校朝会のようす

国土と気候

　南アジア、ヒマラヤ山脈の南側の斜面に位置し、国土の大半は2000m以上の山地です。北側は中国、東、西、南側はインドと接しています。

　気候は土地の高度によってちがい、インドとの国境付近の低地は温帯で、北部の山岳地帯に近づくほど冬の寒さがきびしくなります。

日本との関係

　国交が始まったのは1986年のことですが、それ以前から民間の交流や国連を通じた開発援助などの関係をきずいてきました。

　ブータンから日本への輸入品の一つに、マツタケがあります。ブータンの山地に生えるマツタケは、国内では食べる習慣がなかったため、あまりとられませんでしたが、現在では重要な輸出品としてさかんに収穫されています。

首都ティンプーにある政治と宗教を司る中央政庁タシチョ・ゾン

ブータン

学校制度

5～17歳の13年間が無料の基礎教育機関となっていますが、留年制度があり、一定の成績がとれない場合は基礎教育の間でも留年します。12年生修了時には、僧院教育を受けている者、奉仕プロジェクトをするのがむずかしいレベルの障害のある者をのぞき、全員が1年間の国家奉仕プロジェクト（3カ月の軍事訓練をふくむ）に参加することが義務付けられています。

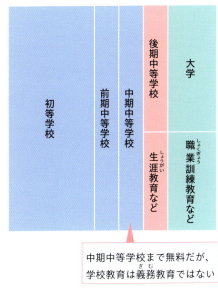

中期中等学校まで無料だが、学校教育は義務教育ではない

学時出版『世界の学校』（2023年）および、ブータン教育と能力開発庁『年次教育統計』（2024年）をもとに作成

小学校の1年

2月15日～6月30日が1学期、7月16日～12月18日が2学期の2セメスター制※で、冬休みが長いです。また、ナショナルデー（建国記念日）や、現国王の誕生日を学校で祝えるよう学年歴が組まれています。

※日程は2024年度のもの

祝祭

ツェチュ祭

ブータンに仏教を伝えたグル・リンポチュの功績をたたえるお祭り（ツェチュ）が各月の10日に全国各地で開かれます。首都ティンプーやパロの寺院では、僧侶が仮面をつけて踊りを披露し、観光客をふくめ多くの人々が集まります。

ブータンの小学校の一日 ※4年生の一日

ここで紹介している学校では、登校のあと出欠確認や手あらい、清掃が終わると、全校朝会を行います。ここでは、みんなで国家を歌ったり、チベット仏教の讃歌を歌ったりすることで、国や宗教を大切にする心がはぐくまれています。

清掃活動

- 午前8:00～8:20 　**出欠確認、手あらい**
- 午前8:20～8:35 　**社会奉仕活動、清掃活動**
- 午前8:35～8:55 　**全校朝会**
- 1時間目 　**ゾンカ語**
- 2時間目 　**算数**
- 午前10:45～11:00 　**おやつ休憩**

登校風景

女子はキラ、男子はゴという民族衣装を身につけて登校します。

全校朝会

生徒や先生のスピーチ、国歌斉唱などを行います。

ブータン

仏教を大切にしているブータンの学校

仏教国であるブータンの学校には祈とう室（お祈りをする部屋）があり、祈りをささげるための仏像が置いてあります。毎日のお祈りのほかにも、学校の法要行事であるスクールプジャをはじめ、仏教にまつわる行事がとても大切にされています。

ゾンカ語とは、ブータンの公用語です。チベット文字を用いて表されます。

こんにちは。（クズサンポー）
སུ་གཟུགས་བཟང་པོ་

ありがとう。（カディンチェ）
བཀའ་དྲིན་ཆེ་

3時間目
英語

4時間目
理科

午後12:40〜1:20
昼休み

5時間目
算数

6時間目
ICT

7時間目
社会

午後3:50〜4:00
夕方の祈り

スタッフルーム（職員室）

授業の準備などをするための教室です。先生たちも民族衣装を着ています。

ベトナム

どんな国

正式名称：ベトナム社会主義共和国
人口：1億35万人
面積：32万9,241km²
首都：ハノイ
主な言語：ベトナム語
通貨：ドン
主な宗教：仏教、カトリック、カオダイ教

入学式のようす

国土と気候

東南アジアのインドシナ半島東岸に位置し、中国、ラオス、カンボジアととなりあっています。南北につらなるアンナン山脈にそった細長い国です。

北部は温帯、南部は熱帯です。5〜9月には季節風の影響で多くの雨がふります。

日本との関係

1973年に国交を結びました。

1995年にベトナムがASEAN（東南アジア諸国連合）に加入すると、欧米諸国や日本の企業がベトナムに進出するようになりました。

農業では、ベトナムは世界第2位のコーヒー生産国として有名です。にがみの強い豆でいれたコーヒーに甘い練乳を入れて飲む「ベトナムコーヒー」は日本でも親しまれています。

中南部、ダラット市のコーヒー農園

ベトナム

学校制度

6歳で入学する小学校での5年間が義務教育期間です。その後、基礎中学校（前期中等教育）が4年間、高校（後期中等教育）が3年間となっています。学校に入る前の教育としては、3〜5歳児を対象とする託児所や幼稚園があります。

義務教育期間

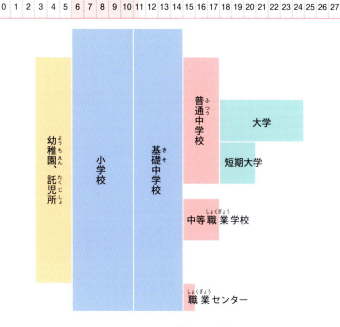

出典：文部科学省『世界の学校体系』(2017年)をもとに作成

小学校の1年

9月に始まる2学期制です。1学期は9月に始まって1月に終わります。2学期は2月に始まって5月に終わり、夏休みをすごしてまた次の1年が始まります。

9月	10月	11月	12月	1月	2月	3月	4月	5月	6月	7月	8月
1学期					2学期				夏休み		

テト(旧正月)休み

祝日

テト（1月下旬〜2月上旬）

ベトナムの旧暦の正月をベトナム語で「テト」といい、家族で集まってすごします。テトが近くなると町では家にかざるためのテトかざりが売られます。テトかざりには、縁起がいいとされる赤色が多く使われています。

ベトナムの小学校の一日

ベトナムの学校には、朝早くから子どもを乗せる保護者のバイクや自転車が集まります。人口の多い都市部では施設や先生が足りないことから、午前と午後の二部制となっている学校が多くなっています。

音楽の時間

午前7:50ごろ		2時間目		3時間目	
登校	1時間目 ベトナム語(読み方)	数学	午前9:15-9:40 休み時間	ベトナム語(文法)	4時間目 倫理

登校のようす

ベトナムでは子どもをバイクに乗せて送りむかえをすることが多く、朝や夕方は校門前がにぎやかになります。

ベトナム

美術の授業のようす

教科書

午前11:00-午後2:00	5時間目	6時間目	午後3:15-3:40	7時間目	午後4:30ごろ
昼休み	美術	科学	休み時間	体育	下校

図書室

マレーシア

どんな国

正式名称：マレーシア
人口：3,513万人
面積：約33万km²
首都：クアラルンプール
主な言語：マレー語
通貨：リンギット
主な宗教：イスラム教

国民学校の校舎

国土と気候

東南アジアに位置するマレー半島の南部と、カリマンタン（ボルネオ）島の北部からなる国です。国土の約7割がジャングルにおおわれています。

高温多湿の熱帯雨林気候で、約24度～32度と、一年を通じて気温の変化が少ないことが特徴です。季節は10～2月の雨季と3～9月の乾季に分かれます。

日本との関係

第二次世界大戦中に当時イギリス領だったマラヤ（現在のマレー半島とシンガポール島にあった植民地）を日本軍が占領し、はげしく争った歴史があります。現在の関係は、マレーシアが独立した1957年から始まりました。

日本にとってマレーシアは天然ガスの輸入先として重要です。日本からマレーシアへは電気機器や機械などの工業製品を多く輸出しています。

首都クアラルンプールの町並み

マレーシア

学校制度

6歳で入学する国民学校での6年間が義務教育期間です。マレーシアの学校制度の大きな特徴は、マレー語で授業をする国民学校のほかにも、中国語やタミル語で授業をする国民型学校があることです。ただし、中等教育ではマレー語で授業をする国民中等学校に一本化するため、中国語やタミル語の学校でもマレー語は必修教科となっています。

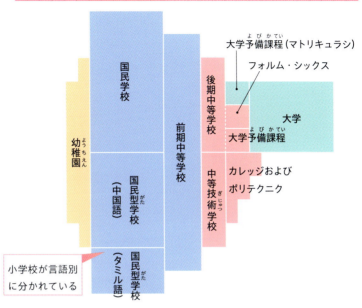

出典：教科書研究センター『海外教科書制度調査研究報告書』をもとに作成

小学校の1年

3月に始まる3学期制です。1学期は3〜5月、2学期は6〜9月、3学期は9月下旬〜1月で、約1か月半のお休みのあと、また次の1年が始まります。

祝祭

タイプーサム（1〜2月）

1月下旬〜2月上旬の満月の日に行われるヒンドゥー教のお祭りです。悪いものを追いはらって健康や安全を願うため、重い木の祭壇を運んで寺院から寺院の間を行進します。身体をきずつける方法で行う危険なお祭りであることから、インドでは禁止されています。

ケニア

どんな国

正式名称：ケニア共和国
人口：5,534万人
面積：58.3万km²
首都：ナイロビ
主な言語：スワヒリ語、英語
通貨：ケニア・シリング
主な宗教：キリスト教、イスラム教

低学費私立学校の朝礼

国土と気候

　アフリカ大陸東部に位置し、5か国ととなりあっています。国土のほぼ真ん中に標高5199メートルのケニア山がそびえていて、標高1500m以上のすずしい高原地帯が広がっています。サバンナとよばれる雨季と乾季のある熱帯の草原も各地にみられ、南東部のキリマンジャロ山の裾野にはライオンなどの野生動物が多く生息する国立公園があります。
　沿岸部は高温多湿の熱帯で、一年の平均気温は26〜27度となっています。

日本との関係

　ケニアがイギリスから独立した1963年に国交が始まりました。
　ケニア中央部の高原地帯は農業に適しており、とくに茶や切り花の生産がさかんです。日本も多くの茶やバラの切り花をケニアから輸入しています。

ケニア西部の茶園

ケニア

義務教育期間

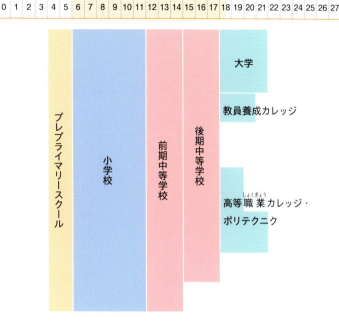

出典：学事出版『世界の学校』(2023年)をもとに作成

学校制度

6〜18歳の12年間が義務教育期間です。6歳で小学校に入学し、12歳になる年に前期中等学校に進学します。2010年に新しい憲法が発布されたことで、初等〜中等教育の義務化、無料化が初めて定められました。

小学校の1年

1月に始まる3学期制です。1学期は1月上旬〜4月上旬、2学期は4月下旬〜8月上旬、3学期は8月下旬〜10月下旬で、11月と12月に2か月間の休みをすごしてまた次の1年が始まります。

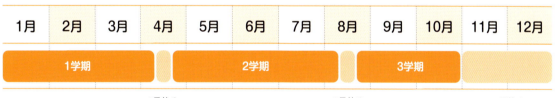

祝祭

独立記念日（12月）

12月12日は、1963年のケニア共和国の独立を記念する日で、各地で国旗がかかげられたり、祝典が開かれたりします。

首都ナイロビの町並み

ケニアの小学校の一日

ケニアの憲法には初等・中等教育の無料・義務化が定められていますが、実際には学校に通うためにさまざまなお金がかかります。貧富の差が大きいことから、子どもは10人に1人の割合で学校に通っていません。

数学の授業

話を聞くだけではなく、さまざまな活動を通じて学習します。

午前7:00ごろ
登校

1時間目
社会

2時間目
数学

午前9:30～9:50
休み時間

3-4時間目
家庭科学

格差の大きいケニアの小学校

ケニアの小学校は、学校による格差が大きく、公立学校に通えない家庭ではお金の負担の少ない私立学校に通う子どもも多いです。このページでは、主に公立学校のようすを紹介しています。

公立学校の教室

低学費私立学校の教室

ケニア

体育の授業

自分たちで作ったボールを使ってハンドボールをしています。

農業の授業

屋外に出て農業の実習をしています。

午前11:00〜11:30	5時間目	6時間目		午後12:40〜2:00	7-8時間目	午後3:20ごろ
休み時間	英語	保健体育		昼食	農業	集会〜下校

下校風景

グラウンドを通ってみんなでいっせいに下校します。

マラウイ

どんな国

正式名称：マラウイ共和国
人口：2,110万人
面積：11.8万km²
首都：リロングウェ
主な言語：チェワ語、英語
通貨：マラウイ・クワチャ
主な宗教：キリスト教

授業のようす

国土と気候

　アフリカ大陸南東部に位置し、タンザニア、モザンビーク、ザンビアととなりあっています。南北に細長く、全体に山が多い地形です。東部にあるマラウイ湖が国土面積の4分の1をしめています。
　北部の山岳地帯は温帯、南部の低地は熱帯です。雨季と乾季があり、12〜4月は雨季、5〜11月は乾季となっています。

日本との関係

　1964年のマラウイ共和国独立と同時に国交が始まりました。
　日本は政府開発援助（ODA）としてマラウイに青年海外協力隊を派遣しており、1971年から2020年までの約半世紀の累計で1800名以上の派遣隊員がマラウイをおとずれています。

首都リロングウェの大通り

マラウイ

学校制度

6～13歳の8年間の授業料が無料となっていますが、義務教育としては定められていません。6歳になる年に初等学校に入学し、13歳で卒業します。修了試験に高い得点で合格し、選抜されれば中等学校に進学することができます。

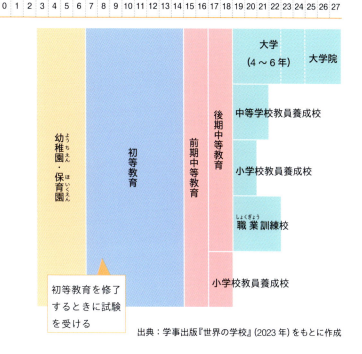

初等教育を修了するときに試験を受ける

出典：学事出版『世界の学校』（2023年）をもとに作成

小学校の1年

9月に始まる3学期制です。1学期は9～12月、2学期は1～3月、3学期は4～7月で、夏休みをすごしてまた次の1年が始まります。

祝祭

独立記念日（7月）

7月6日は、1964年のマラウイ共和国の独立を記念する日で、各地で国旗がかかげられたり、祝典が開かれたりします。

マラウイの小学校の一日

マラウイでは、地域や学校によって子どものかっこうや設備などのようすがだいぶちがっています。多くの学校は一部制ですが、教室数や教員数がかぎられているため、二部制の学校も少なくありません。

授業のようす

算数の足し算で、棒を書いて計算しているところです。

午前7:00ごろ		1時間目		3時間目	
登校	朝礼	算数	英語	チェワ語	芸術
	午前7:05-7:30		2時間目		4時間目

登校してきた子どもたち

マラウイ

教室のようす

地域や学校により、つくえやイスがそなわっている学校もあれば、それらがないため地面にすわって授業を受ける学校もあります。

午前9:50-10:00		6・7時間目		9時間目	
休み時間		理科		聖書	
	5時間目		8時間目		午後1:30ごろ
	農業		ライフスキル		下校

テストのようす

テストを受けるとき、教室がせまくてとなりどうしが見えてしまうため、外に出てテストをする学校もあります。

子どもの持ち物：チテンジ

マラウイの学校では、チテンジという布にくるんでノートを持ち運ぶ子どももいます。チテンジはアフリカの伝統的な布で、ふろしきのように使うほかにも衣類や赤ちゃんのだっこひもなどさまざまな目的で使われます。

南アフリカ

どんな国

正式名称	南アフリカ共和国
人口	6,321万人
面積	122万km²
首都	プレトリア
主な言語	英語、アフリカーンス語、バンツー諸語など
通貨	ランド
主な宗教	キリスト教

授業のようす

国土と気候

アフリカ大陸最南端に位置し、6か国ととなりあっています。内陸部はハイベルトとよばれる高原地帯が広がっています。南東部はドラケンスバーグ山脈、西部にはカラハリ砂漠があります。

国の東半分は温帯、西半分は乾燥帯です。南半球に位置するため季節は日本と反対で12～3月が夏、5～7月が冬になります。

日本との関係

明治時代に国交が始まりますが、第二次世界大戦で一度関係がとだえました。現在にいたる親密な結びつきが始まるのは、1990年代にアパルトヘイトとよばれる黒人差別の政策が廃止されたあとのことです。

南アフリカ共和国は鉱物資源のゆたかな国で、日本は銀、プラチナ、鉄などの金属や、石炭を多く輸入しています。

南西部の都市ケープタウンの町並み

南アフリカ

学校制度

6～15歳の9年間が義務教育期間です。6歳で初等学校に入学し、13歳で中等学校に進学します。南アフリカでは公用語が11あり、第3学年までは学校が定める公用語の一つで学びます。第4学年からは、学習するときの言葉が英語にきりかわります。

義務教育期間

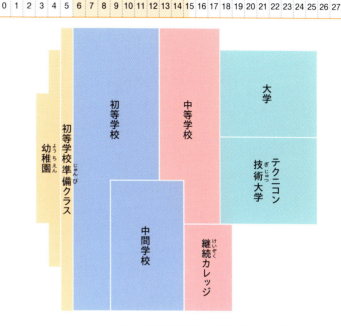

出典：文部科学省『世界の学校体系』（2017年）をもとに作成

小学校の1年

1月に始まる4学期制です。それぞれの学期は2か月～2か月半ほどで、学期と学期の間にお休みがあります。

祝日

アフリカの日（5月）

1963年5月25日にアフリカ30か国でつくるアフリカ統一機構の設立が決まったことから、5月25日は「アフリカの日」とされています。写真は、さまざまな民族的な背景をもつ子どもたちが学校の中でアフリカの日を祝っているようすです。

南アフリカの小学校の一日

ここでは、地方（クワズルナタール州）の小学校の時間割と写真を中心に紹介します。南アフリカの地方の学校では、タブレット教材や学習支援スタッフなどが十分に用意できない場合が多く、先生が工夫を重ねながら子どもたちに勉強を教えています。

教室

午前7:30ごろ	1時間目	2時間目	午前10:00〜11:00	3時間目
登校	英語	ズールー語	休み時間	数学

南アフリカには11種類の公用語があり、地域により学習する言語がちがいます。ズールー語は、南アフリカの東部で話されている言語です。

こんにちは。
Sawubona.（サウボーナ）

ありがとう。
Ngiyabonga.（ンギヤボンガ）

南アフリカらしい給食：パップ（ウガリ）

南アフリカでよく食べられている主食は「パップ（ウガリ）」といって、とうもろこしの粉をこねて作ったおもちのような食べ物です。肉や野菜などのおかずといっしょに食べます。

南アフリカ

都市部のゆたかな学校の学習環境

都市部には、一人一台使えるタブレット機器や大きな図書館などが充実したゆたかな学校もあります。ただし、授業料や都市部の生活費が高いため、南アフリカの中でそのような学校に子どもを通わせることのできる家庭はとてもかぎられています。

ICT室

図書室

4時間目
理科

5時間目
社会

午後2:00〜2:30
読書

午後2:30〜2:45
掃除

午後3:00ごろ
下校

数学の授業

黒板を使うだけではなく、道具を手でさわりながら数について学習します。

さくいん

国名

あ
- アメリカ ……………………… 43
- アラブ首長国連邦(れんぽう) ………… 68
- イギリス ……………………… 6
- イタリア ……………………… 10
- インド ………………………… 70
- インドネシア ………………… 72
- オーストラリア ……………… 56
- オーストリア ………………… 14
- オランダ ……………………… 18

か
- カナダ ………………………… 46
- 韓国(かんこく) ………………………… 82
- ケニア ………………………… 106

さ
- サモア ………………………… 60
- シンガポール ………………… 74
- スウェーデン ………………… 20
- スペイン ……………………… 24

た
- タイ …………………………… 78
- 中国 …………………………… 87
- ドイツ ………………………… 26

な
- ニュージーランド …………… 64

は
- バングラデシュ ……………… 92
- フィンランド ………………… 30
- ブータン ……………………… 96
- ブラジル ……………………… 50
- フランス ……………………… 35
- ベトナム ……………………… 100

ま
- マラウイ ……………………… 110
- マレーシア …………………… 104
- 南アフリカ …………………… 114
- メキシコ ……………………… 54

ら
- ロシア ………………………… 38

事項

あ
- アイスホッケー（ロシア）……… 42
- アップヘリー・アー（イギリス）…… 7
- アニマトゥール（フランス）…… 37
- アフタスクールケア（オーストラリア）…… 59
- アフリカの日（南アフリカ）…… 115
- インクルーシブ教育（イタリア）…… 13
- ヴェネツィアのカーニバル（イタリア）…… 11

か
- カポエイラ（ブラジル）……… 53
- カルガリー・スタンピード（カナダ）…… 47
- キャンティーン（シンガポール）…… 77
- 建国記念日（アラブ首長国連邦(れんぽう)）…… 69
- 国慶節(こっけいせつ)（中国）……………… 88

さ
- サマーキャンプ（アメリカ）…… 45
- サン・フェルミン祭（スペイン）…… 25
- サンクトペテルブルク国立青少年創造(そうぞう)宮殿(きゅうでん)（ロシア）…… 42
- シェーメンラウフ（オーストリア）…… 15
- 死者の日（メキシコ）………… 55
- 事象(じしょう)教授(きょうじゅ)（オーストリア）…… 17
- 手工（フィンランド）………… 34
- シュールテューテ（ドイツ）…… 27
- スクールプジャ（ブータン）…… 99
- 総合探究(そうごうたんきゅう)（カナダ）…………… 48
- 創体(そうたい)（韓国(かんこく)）………………… 85
- ソンクラーン（タイ）………… 79

た
- タイプーサム（マレーシア）…… 105
- チテンジ（マラウイ）………… 113
- チンゲイパレード（シンガポール）…… 75
- ツェチュ（ブータン）………… 97
- テコンドー（韓国(かんこく)）…………… 86
- テト（ベトナム）……………… 101
- 独立記念日(どくりつ)（ケニア）………… 107
- 独立記念日(どくりつ)（マラウイ）……… 111
- トピック学習（イギリス）…… 9

な
- ナッキレイパ（フィンランド）…… 33
- 日本語教室（オーストラリア）…… 59
- 入学式（ドイツ）……………… 27
- ニューヨークのニューイヤー（アメリカ）…… 44
- ニュピ（インドネシア）……… 73
- 燃灯会(ねんとうえ)（韓国(かんこく)）………………… 83

は
- ハーモニーウィーク（オーストラリア）…… 57
- 学院［ハグォン］（韓国(かんこく)）……… 86
- パップ（南アフリカ）………… 116
- フィーカ（スウェーデン）…… 23
- 普通話(ふつうわ)（中国）………………… 89
- 仏教教育(ぶっきょう)（タイ）………………… 81
- ベンガル新年（バングラデシュ）…… 93
- ペンッカリ（フィンランド）…… 31
- ホーリー祭（インド）………… 71
- ボレンストレーク花パレード（オランダ）…… 19
- ホワイトサンデー（サモア）…… 61

ま
- マースレニツァ（ロシア）…… 39
- マドラサ（バングラデシュ）…… 95
- ミッドサマー（スウェーデン）…… 21

ら
- ラック・タイ（タイ）………… 81
- リオのカーニバル（ブラジル）…… 51
- レモン祭り（フランス）……… 36

わ
- ワイタンギ・デー（ニュージーランド）…… 65

執筆者紹介 （名前、所属、分担）

新井浅浩 あらい あさひろ
城西大学 名誉教授
【イギリス】

井田浩之 いだ ひろゆき
北九州市立大学基盤教育センター
准教授
【イギリス】

徳永俊太 とくなが しゅんた
京都教育大学連合教職実践研究科
准教授
【イタリア】

杉野竜美 すぎの たつみ
神戸医療未来大学健康スポーツ学部
教授
【イタリア】

髙橋春菜 たかはし はるな
盛岡大学文学部 准教授
【イタリア】

田口明子 たぐち あきこ
独・英日翻訳者
【オーストリア】

吉田重和 よしだ しげかず
新潟医療福祉大学健康科学部 教授
【オランダ】

林 寛平 はやし かんぺい
信州大学大学院教育学研究科 准教授
【スウェーデン】

藤井康子 ふじい やすこ
大分大学教育学部 准教授
【スペイン】

卜部匡司 うらべ まさし
広島市立大学国際学部 教授
【ドイツ】

渡邊あや わたなべ あや
津田塾大学学芸学部 教授
【フィンランド】

京免徹雄 きょうめん てつお
筑波大学人間系 准教授
【フランス】

藤井佐知子 ふじい さちこ
宇都宮大学 理事・副学長
【フランス】

澤野由紀子 さわの ゆきこ
聖心女子大学現代教養学部 教授
【ロシア】

佐藤 仁 さとう ひとし
福岡大学人文学部 教授
【アメリカ】

下村智子 しもむら ともこ
三重大学 特命副学長
教育推進・学生支援機構 准教授
【カナダ】

白鳥絢也 しらとり じゅんや
常葉大学教育学部 准教授
【ブラジル】

櫻井里穂 さくらい りほ
広島大学ダイバーシティ＆インクルージョン推進機構 准教授
【メキシコ・ブータン】

青木麻衣子 あおき まいこ
北海道大学高等教育推進機構 教授
【オーストラリア】

奥田久春 おくだ ひさはる
三重大学全学共通教育センター
特任講師
【サモア】

島津礼子 しまず れいこ
広島大学教育学部 研究員
【ニュージーランド】

中島悠介 なかじま ゆうすけ
大阪大谷大学教育学部 准教授
【アラブ首長国連邦】

渋谷英章 しぶや ひであき
東京学芸大学 名誉教授
【インド】

中田有紀 なかた ゆき
東洋大学アジア文化研究所
客員研究員
【インドネシア】

池田充裕 いけだ みつひろ
山梨県立大学人間福祉学部 教授
【シンガポール】

平田利文 ひらた としふみ
大分大学 名誉教授
【タイ】

田中光晴 たなか みつはる
文部科学省総合教育政策局参事官
（調査企画担当）付 専門職
【韓国】

金 龍哲 じん るんじょ
東京福祉大学教育学部 教授
【中国】

日下部達哉 くさかべ たつや
広島大学 IDEC 国際連携機構：
教育開発国際協力研究センター
センター長・教授
【バングラデシュ】

杉村美紀 すぎむら みき
上智大学総合人間科学部 教授
【ベトナム】

鴨川明子 かもがわ あきこ
早稲田大学教育・総合科学学術院
大学院教育学研究科 教授
【マレーシア】

澤村信英 さわむら のぶひで
大阪大学 名誉教授
【ケニア】

谷口京子 たにぐち きょうこ
広島大学大学院人間社会科学研究科
准教授
【マラウイ】

小野由美子 おの ゆみこ
早稲田大学総合研究機構
教師教育研究所招聘研究員
【南アフリカ】

監修者
二宮 皓（にのみや あきら）
広島大学名誉教授、UMAP（アジア太平洋大学交流機構）アンバサダー。1945年鳥取県に生まれる。広島大学教育学部卒業、米コネチカット大学にフルブライト留学後、広島大学大学院修士課程修了、同博士課程中退。その後、文部省（大臣官房調査課）、広島大学講師・助教授・教授、広島大学理事・副学長、放送大学理事・副学長、比治山大学学長、愛知みずほ短期大学特任教授を歴任。専門は比較・国際教育学。中央教育審議会大学分科会臨時委員、スーパーグローバルハイスクール（SGH）事業企画評価会議座長等を務める。

イラスト　石山綾子
装丁・本文デザイン　大悟法淳一、大山真葵、王 荔宸（ごぼうデザイン事務所）
DTP　鳴島幸夫

写真協力
河光民東京韓国教育院長、澤村信英、
トリエスタ小学校（シュタイヤマルク州グラーツ市）、
原奈央（元 サモア青年海外協力隊）、USAJPN.COM、
pixabay、PIXTA、shutterstock

参考文献
教科書研究センター『海外教科書制度調査研究報告書』(2020年)
地球の歩き方編集室 編『世界の祝祭』(地球の歩き方、2021年)
二宮 皓 編著『世界の学校』(学事出版、2023年)
二宮書店編集部編『データブック・オブ・ザ・ワールド 2024年版』(二宮書店、2024年)
文部科学省『諸外国の教育統計』(2024年)

本書は、小社刊行の二宮皓編著『世界の学校』(2023年)をもとに制作したものです。一部の写真は原書から再掲載しています。

見たい、知りたい世界の学校

2025年5月5日　初版第1刷発行

監修	二宮 皓
発行者	鈴木宣昭
発行所	学事出版株式会社
	〒101-0051　東京都千代田区神田神保町1-2-5
	電話 03-3518-9655
	HPアドレス https://www.gakuji.co.jp
企画	三上直樹
編集協力	山川剛人（株式会社桂樹社グループ）
印刷・製本	株式会社 瞬報社

©Ninomiya Akira, 2025. Printed in Japan

乱丁・落丁本はお取り替えします。
ISBN 978-4-7619-3060-8　C3037　NDC372